모든 날이 감사하다

* 작가 고유의 글맛을 살리기 위해 일부 표현은
한글 맞춤법에 맞지 않더라도 수정하지 않았습니다.

* 본문 그림은 Childe Hassam의 작품을 사용하였습니다.
Childe Hassam (American, 1859-1935)

모든 날이 감사하다

지은이 | 김병삼
초판 발행 | 2025. 6. 18
3쇄 발행 | 2025. 6. 27
등록번호 | 제1988-000080호
등록된 곳 | 서울특별시 용산구 서빙고로65길 38 두란노빌딩
발행처 | 사단법인 두란노서원
영업부 | 2078-3333   FAX | 080-749-3705
출판부 | 2078-3331

책 값은 뒤표지에 있습니다.
ISBN 978-89-531-5128-4 03230

독자의 의견을 기다립니다.
tpress@duranno.com   www.duranno.com

ⓒ 이 출판물은 저작권법에 의해 보호를 받는 저작물이므로
무단 전재와 무단 복제, 무단 사용을 할 수 없습니다.

두란노서원은 바울 사도가 3차 전도여행 때 에베소에서 성령 받은 제자들을 따로 세워 하나님의 말씀으로 양육하
던 장소입니다. 사도행전 19장 8-20절의 정신에 따라 첫째 목회자를 돕는 사역과 평신도를 훈련시키는 사역, 둘째
세계선교(TIM)와 문서선교(단행본·잡지) 사역, 셋째 예수문화 및 경배와 찬양 사역, 그리고 가정·상담 사역 등을
감당하고 있습니다. 1980년 12월 22일에 창립된 두란노서원은 주님 오실 때까지 이 사역들을 계속할 것입니다.

모든 날이
감사하다

김병삼

PROLOGUE

언제부터인가 이런 생각을 했습니다.
'좋은 글을 쓰고 싶다.'
여기서 '좋은'이라는 말은
'잘'과 의미가 조금 다릅니다.

'잘'은 재능의 영역이지만
'좋은'은 의도의 문제입니다.

'잘 쓴 글'이 누군가를 겨냥하며 무기가 될 때는
잘 드는 칼과 다를 바 없지만,
'좋은 글'은 누군가를 어루만지고 살리고
생기가 돌게할 수 있습니다.

매일 아침에 일어나서 좋은 글이 무엇일까
생각했습니다.

누군가 이 글을 읽고 살아가는 데
힘과 생기를 얻으면 좋겠다고
생각했습니다.
목사로서 글을 쓰는 일이 목양이 될 수
있으면 좋겠다고 생각했습니다.

크리스천들이 사용하는 말 가운데 참 좋은
말이 있습니다.

"은혜스럽다!"

우리가 살아가는 모든 날이 은혜스럽다면
얼마나 좋을까요?
"은혜스럽습니다!"라는 말을 들을 때면
참 기분이 좋습니다.
그 말을 하는 사람도 좋고,
듣는 사람도 좋습니다.

그래서 나온 책이 전작인
《모든 날이 은혜스럽다》입니다.

"감사합니다!"라는 말 역시
참 좋습니다.
그 말을 하는 사람의 삶이 긍정되고,
듣는 사람의 존재가 가치를 가지니 말입니다.
"감사합니다!"라는 말을 들을 때면
행복합니다.

그래서 이번 책이
《모든 날이 감사하다》입니다.

갈등과 분열.
오늘날 우리가 살고 있는 시대를
표현하는 말입니다.
우리는 적개심을 돋우고, 들으면 화가 나는
말들이 난무하는 시대를 살고 있습니다.

그렇지만 저는 모든 사람이 이런 말을
하게 되는 꿈을 꿉니다.

"그 말을 들으니 참 좋다!"
"감사를 말할 수 있어서 참 행복하다!"

모든 날이 감사하기를 바라는 마음으로
이 책을 읽어 준다면 좋겠습니다.

오늘 우리 삶이 '감사하니'
참 '은혜스럽습니다!'라는
고백이 있으면 좋겠습니다.

2025년 6월 제주의 바닷가, 고즈넉한 새벽에

김병삼 목사

CONTENTS

프롤로그 ◆ 4

1
내 뜻대로 되지 않으니 감사합니다 ◆ 11

\# 하나님을 얼마나 압니까 \# 배우려 애쓰기보다 배워지는 은혜 \# 은혜를 은혜롭게 여길 수 있기를 \# 사명이란 무거워야 제맛이죠 \# 죽음 앞에서야 비로소 삶을 생각합니다 \# 삶의 자락에서 사랑을 발견하세요 \# 시기심이 항상 발목을 잡습니다 \# 미련해 보이지만 가장 큰 지혜입니다 \# 실망 속에 기대가 있습니다

2
이길 고난이 있으니 감사합니다 ◆ 57

\# 어떤 불을 통과하든 함께하십니다 \# 버려지지 않았습니다 \# 닫힌 문을 여는 고백, 감사 \# 숨겨 놓으시는 이유가 있습니다 \# 눈에 보이는 게 다는 아니죠 \# 하나님은 과거에 머무시는 분이 아닙니다 \# 영광의 순간을 조심하세요 \# 유혹을 참아 내야 크리스천이죠

3
도움받을 약함이 있으니 감사합니다 ◆ 97

대견스러움과 사랑스러움의 차이 # 선물, 은혜, 그리고 감사 # 헌신이란 조금 더 오버하는 일 # 하나님 덕분에 좋은 일이 많았습니다 # 기적이 기적으로 이어집니다 # 어려움 속에서라야 도움을 구합니다 # 배려하는 마음이면 충분합니다

4
흐르듯 살게 하시니 감사합니다 ◆ 133

그런 날도 있는 겁니다 # 상위 10퍼센트가 되어 봅시다 # 교만한 지성보다는 겸손한 마음을 # 생긴 대로 살기(a.k.a. 부르신 곳에서) # 추억할 거리가 있으니 얼마나 좋습니까 # 주책스러워도 괜찮아 # 아버지가 뿌리신 헌신의 열매를 누립니다 # 끌려다니지 말고 행복합시다

5
여전히 희망을 보게 하시니 감사합니다 ◆ 171

실패의 다른 말은 배움입니다 # 자리를 지키는 사람과 뺏기는 사람 # 돈을 내고 기뻐하는 교회 # 세상이 우리를 속일지라도 # 은혜가 있어서 삽니다 # 과잉 친절을 기대합니다 # 우리는 하나님의 성전입니다 # 아름다운 기억이 있다면 충분합니다

1

내 뜻대로 되지 않으니 감사합니다

하나님을 얼마나 압니까 _____

_____

_____

_____

신앙을 갖게 되면서부터 우리의 최대 고민은 '하나님을 아는 것'이 아닐까요? "하나님을 아는 지식"을 주제로 설교를 준비하던 때의 일입니다. 말씀을 준비하면 할수록 하나님에 대하여 무지하다는 사실을 깨달았습니다. 하나님을 알면 알수록 하나님에 대하여 모르는 게 많다는 것을 인정하지 않을 수 없었습니다. 우리가 하나님을 알고자 하는 노력이, 내 알량한 지식으로 하나님을 판단하고자 했던 것이 교만이라는 생각이 들더군요.

살다 보면 우리가 이해할 수 없는 수많은 일이 벌어집니다. 사실 이해할 수 없는 일이라는 것이, 이해하기 싫은 일일 수도 있을 것입니다. 왜 우리가 원하지 않는 일들, 이해하지 못할 일들이 일어나는지 말입니다.

하나님을 알고자 하는 열망을 소위 소통이라고 생각하는 것 같습니다. 하나님과 속 시원하게 대화하고 그분의 뜻을 알자는 것이죠. 그런데 우리는 언제 속 시원하게 대화가 이루어졌다고 생각하나요? 불행하게도 우리는 내 생각을 상대에게 관철시키고 나서야 소통이 되었다고 생각합니다. 상대가 내 생각을 납

득하지 못하면 불통이라고 생각하는 것이죠. 하나님과의 소통도 마찬가지입니다. 하나님이 하시는 일이 내 삶에 이해되지 않을 때, 우리는 아직 하나님을 만나지 못했다고 생각합니다.

결국 하나님을 아는 지식은 우리가 이해하는 한도 내에서만 존재할 뿐입니다. 하나님을 알고자 하는 신앙의 노력이 참 중요하지만, 어느 단계에 이르면 우리가 하나님을 모르는 것이 당연하다는 고백이 따라와야 할 것 같다는 생각이 듭니다.

우리가 하나님을 다 알 수 없음을 진정으로 고백할 수 있을 때, 인생 속 이해할 수 없는 일들이 하나님 손에 있음을 인정하게 되지 않을까요?

중세 신학자들이 하나님에 대하여 이렇게 정의할 때 저는 말 장난이라고 생각했습니다.

"하나님은 우리가 생각할 수 있는 최고의 존재 그 이상이다! 결국 하나님에 대하여 이야기하려 해도 하나님은 말로 다 설명할 수 없는 신비다!"

그런데 이런 말들이 오늘에는 참 깊이 이해가 됩니다. 우리가 하나님을 모른다고 인정하는 것이 그분에 대한 부정이 아니라, 그분의 크심을 인정하는 것이기 때문이죠. 그분에 대한 깊은 신뢰에서 나오는 고백일 수밖에 없는 것입니다.

하나님을 모른다고 인정하고 나니, 하나님이 내 삶에 하시는 일들이 인정됩니다. 그것이 신앙의 진리라고 생각합니다. 혹시 지금 하나님께 화가 나 있지는 않나요? 다시 하나님을 생각할 수 있는 시간이 되기를 바라는 마음입니다.

배우려 애쓰기보다 배워지는 은혜 _____
_____
_____
_____

요즘 일본어 공부를 하며 예전 같지 않다는 생각을 많이 합니다. 열심히 외워도 막상 일본에 가니 한마디도 하기 힘들더군요. 그런데 동경에서 4일간 영성훈련을 인도하며 그런 생각이 들었습니다. 몇 달을 책 보며 외우는 것보다는 며칠을 함께 살아가는 것이 언어를 배우기에 더 좋다고 말이죠.

복음과 율법의 차이를 생각하면서 외국어 공부와 비슷하다는 생각이 들었습니다. 책을 들고 언어를 배우려고 노력하는 것은 마치 율법 가운데 사는 삶과 같습니다. 그런데 그곳에서 살아가며 자연스럽게 언어를 배우는 것은 마치 복음으로 사는 것과 같습니다.

우리는 흔히 배움과 노력으로 은혜와 복음 가운데 살 수 있다고 착각하는 것 같습니다. 물론, 이 말이 노력하지 않아도 된다는 뜻은 아니니 오해는 금물입니다. 하지만 진정한 복음은, 결국 주님과 함께 거하는 삶이 아닐까 합니다. 함께 거하므로 자연스레 알아가고, 배워지고, 살아가게 되는 것 말입니다. 선하게 살려는 노력보다, 주님 안에서 선하게 살아지는 것이 은혜가 아닐까요?

우리가 진정으로 해야 할 일은 늘 주님과 동행하려는 발버둥입니다. 그 안에서 자발적으로 나오는 삶이야말로 복음적인 삶이 아니겠습니까? 때로는 실수할 수 있고, 좌절도 하고, 실망도 하지만, 절대로 우리 삶이 실패가 아닌 이유는 주님과 함께하고 있기 때문입니다.

창세기 15장 1절의 말씀이 참 은혜가 되었습니다.

"이 후에 여호와의 말씀이 환상 중에 아브람에게 임하여 이르시되 아브람아 두려워하지 말라 나는 네 방패요 너의 지극히 큰 상급이니라"

부르심을 따라 살아가는 아브라함에게 어려움이 닥치고 축복이 유보되었을 때 하나님이 하신 말씀 말입니다.

"아브라함아! 내가 너의 방패고 상급이야!"

우리 계획이 깨어지면 그때야 비로소 하나님의 청사진이 보이지 않을까요? 우리의 꿈이 깨어져야만 하나님이 우리의 상급이라는 것도 깨닫게 되지 않을까요? 반성의 시간이 지나면 또 생산적인 삶이 시작되겠지요.

오늘도 배우기를 애쓰기보다는
배워지는 삶이 되기를 바랍니다.

Street of the Great Captain, Córdoba (1910)
Childe Hassam

은혜를 은혜롭게 여길 수 있기를 _____

_____

_____
_____

어떤 이들이 나면서부터 맹인 된 사람을 예수님께 데리고 왔습니다. 그리고 물었습니다.

"이 사람이 맹인 된 것이 누구의 죄 때문입니까? 자기입니까, 부모입니까?"

그런데 예수님 눈에는 죄가 들어오지 않았습니다. 맹인 되어 불쌍한 한 사람이 보였습니다. 예수님은 "이 사람의 죄 때문도, 부모의 죄 때문도 아니다" 하시고, 그의 눈을 고쳐 주셨습니다.

그러자 바리새인들 사이에 난리가 납니다. "당신이 뭔데 이런 일을 하느냐?"는 것이죠. 그들은 날 때부터 맹인이던 사람이 다시 보게 되었다는 사실에 전혀 기뻐하지 않습니다. 도리어 어떻게든 꼬투리를 잡아 이 같은 놀라운 일을 하신 예수님을 곤경에 빠뜨리려고 혈안이 되어 달려듭니다.

누군가에게 일어난 은혜가 전혀 은혜롭지 않다면 뭔가 잘못되어 가고 있는 것이 아닐까요? 예수님을 받아들이지 못한 사람들의 전형적인 특징이 있습니다. 은혜보다는 법과 규칙을 따지기 좋아했다는 것이죠.

누군가 그런 말을 하더군요. 한국 교회를 망쳐 놓은 것이 '은혜와 믿음'이라고요. 일면 맞는 말입니다. 교회에서 일어나는 모든 일을 은혜라는 말로 덮어 버렸기 때문이라는 것이죠.

예수님은 불의를 기뻐하거나 덮어 두지 않으셨습니다. 하지만 은혜가 필요한 사람을 알아보셨습니다. 누군가에게 일어나는 은혜의 일들이 나에게 은혜로 느껴지지 않을 때, 우리의 내면을 돌아봐야 할 것입니다.

그렇다면 왜 우리는 은혜를 은혜롭게 여기지 못하게 된 걸까요? 아마도 은혜가 우리의 삶을 뛰어넘는 일이기 때문은 아닐까요? 많은 사람이 예수님을 보고 "당신은 메시아가 아니야!"라고 했습니다. 왜냐하면 당시 사람들의 예상 답안에는 예수님같이 초라한 메시아가 없었기 때문이지요. 그런 당시 사람들을 향해 예수님은 삶으로써 이렇게 말씀해 주신 것 아닐까요?

"나는 너희가 상상하던 그런 메시아가 아니란다!"

예수님을 메시아로 보기 시작한 사람들만이 주님을 영접하고 제자가 되었습니다. 내가 생각하지 못했던 은혜야말로 진정한 은혜입니다. 은혜받지 못할 사람에게 임한 은혜야말로 하나님이 주시는 은혜입니다. 마치 내가 그 은혜를 받았던 것처럼 말입니다.

누군가의 은혜를 기뻐해 봅시다. 어떻게 당신에게 그런 일이 일어날 수 있느냐고 따지기 보다는, 눈물 나도록 함께 기뻐해 봅시다. 사람들은 참 자기 중심적입니다. 믿음이란 그런 자기 중심성을 뛰어넘기 시작하면서 만들어지는 것이 아닐까요?

오늘날 한국 교회가 지나치게 은혜를 강조하면서 잘못되었다고 해도, 그래도 여전히 하나님의 은혜는 필요하고 귀합니다. 은혜를 은혜롭게 여길 수 있기를 바랍니다.

사명이란 무거워야 제맛이죠 _____

사명이란 말을 들으면 어떻습니까? 부담스럽고 무겁기도 하지요. 그 무거움 때문에 회피하고 싶을지도 모르겠습니다.

만나교회에서 영성훈련을 진행할 때면 목사인 저조차 시작 전부터 지레 부담을 느낍니다. 힘들 시간이라 여기면서 '다음번엔 횟수를 좀 줄여 볼까' 싶어지기도 합니다. 그런데 막상 훈련을 진행하다 보면 생각이 달라집니다. 하나님의 은혜를 경험하고 기뻐하는 사람들의 모습이 눈에 들어옵니다. 어떤 이들은 억지로 이 자리에 끌려왔지만, 사명을 찾았노라며 눈시울을 붉힙니다. 이런 모습을 보고 있으면 제 머릿속에는 다음 영성훈련을 어떻게 준비할지에 대한 생각이 떠오를 수밖에 없죠.

그래서 그런 생각을 합니다.

'사명이란 무거워야 제맛이고 부담스러워야 하는 거구나!'

우리는 종종 십자가가 무겁다고 생각하지만, 무겁지 않은 것을 십자가라고 할 수 있을까요? 무겁지만 그

걸 질 수 있는 것이 축복 아닐까요? 그래서 진정한 삶의 축복은 십자가를 피해 가는 것이 아니라 지는 것이죠.

십자가 때문에 불행하다고요? 사실은 지고 갈 십자가조차 없는 것이 불행입니다. 내가 가진 것이 없다면, 마땅히 생각해야 할 사람이 없다면, 내가 속한 곳에서 져야 할 책임이 없다면 십자가도 없겠죠. 그러나 어깨를 짓누르던 십자가가 축복으로 느껴질 때 진정한 사명자가 되는 것입니다.

영월에서 전도사로 첫 목회를 시작하던 때가 생각납니다. 열심히 하고 싶은데 열심히 할 게 없던 시절. 하루면 전교인 심방이 다 끝나 버리던 때. 할 일이 너무 많다는 말은 어찌 보면 가장 행복한 불평입니다.

남편과 자녀가 자기를 너무 찾아서 힘들다고요? 사실은 가장 행복한 아내요, 엄마입니다. 교회의 모든 일이 다 나에게만 맡겨지는 것 같다고요? 사실은 교회에서 가장 필요로 하는 사람이 당신입니다. 누군가 때문에 삶이 고되고 마음이 무겁다면, 당신이야말로 복된 사람이요, 사명이 있는 사람입니다.

The Harbor (1902)
Childe Hassam

죽음 앞에서야 비로소 삶을 생각합니다

제 삶에서 참 중요했던 순간이 있습니다. 묘하게도 죽음을 생각하게 했던 때죠. 수년 전 목회의 탈진은 공황장애와 우울증, 수면장애를 불러왔습니다. 참 사는 게 힘들다 싶었습니다.

잠시 쉼을 갖기 위해 내려간 제주도에서 119에 실려 응급실로 가며 처음으로 죽음을 생각해 보았습니다. 가면서는 '아, 이러다가 사람이 죽는구나!' 싶어 죽지 않으려고 눈을 부릅뜬 채 응급실로 들어갔는데, 감사하게도 사실 죽을 만큼의 병은 아니었습니다.

하지만 그 순간 하나님이 제게 물으시는 것 같았습니다.

"너 뭐 하다 올래?"

그 일은 제 목회의 방향을 새롭게 바꾸는 계기가 되었습니다.

또 한 번, 죽을 병이 아니면서도 죽음을 생각한 때가 있습니다. 두통으로 응급실을 갔다가 입원까지 하게 됐습니다. 의사는 심장 검사를 하자고 제안했지만,

저는 심장엔 이상이 없다고 생각하고 그길로 퇴원했습니다. 그런데 일주일 후 진행한 검사에서 제 심장 혈관이 심각하게 막혀 있다는 걸 알았습니다. 심장 스텐트 시술로 간단히 해결됐지만, "이거 발견 못 했으면 그냥 죽는 겁니다"라는 의사의 말에 다시 한번 죽음을 생각하게 되더군요.

제 아내는 참 믿음이 좋습니다. 그때도 걱정보다는 감사를 앞세웠습니다. 애초에 두통이 없었다면, 그때 의사가 심장 검사를 해보자고 하지 않았다면, 그렇게 말 안 듣던 제가 마음을 바꿔 검사하지 않았다면 지금 저는 어떻게 되어 있을지 모른다고 말이죠. 그 모든 일이 하나님의 각본 가운데 이루어진 일이라며 감사했습니다.

사실 아내 말이 맞습니다. 어떤 사람은 미리 발견을 못 하고 쓰러져 생을 마감하기도 합니다. 그런데도 하나님은 왜 제게 불시에 쓰러져 비명횡사하는 시나리오가 아니라 수술도 아닌 시술로 살아나게 하셨을까요?

남겨진 삶을 더 진지하게 살아야겠다고 다짐해 봅니

다. 인생은 길이에 있지 않죠. 얼마나 오래 살 것인가의 문제가 아닙니다. 다만 살아 있는 한 제가 감당해야 할 사명에 대해 진지하게 생각하게 됩니다.

이렇게 인간은 죽음 앞에 서 보고서야 비로소 삶을 진지하게 생각합니다. 그러니 인생의 고통뿐 아니라 죽음의 위협은 어쩌면 하나님이 주시는 귀한 선물일 수 있습니다. 그런데도 참 많은 사람이 선물을 선물로 여기지 못하는 것 같습니다. 느낌이 불결하다며 포장조차 뜯지 않고 내박쳐 두고 사는 것은 아닐까요?

너무 무거운 이이야기인가요?

그러나 한 번쯤 진지하게 생각해 봐야 할 이야기인 것 같습니다.

Colonial Graveyard at Lexington (circa 1891)
Childe Hassam

삶의 자락에서 사랑을 발견하세요 _____

_____

_____
_____

얼마 전 친구 목사가 사모의 유방암 소식을 전해 주었습니다. 종양 열두 개를 떼는 수술을 했다고요. 다행히 잘 치료할 수 있었지만, 교회 내부적인 문제로 어려울 때 일어난 일이라 무척 힘들었던 모양입니다. 그런데 사모의 수술 후에 그동안 친구 목사를 힘들게 했던 교인들로부터 문자가 오기 시작했답니다.

"목사님! 사모님 아프신 거 우리 때문인 거 같아요. 사모님의 종양 우리가 만든 것 같아 죄송해요."

그 메시지를 받는 순간 교인들에게 섭섭했던 마음이 사라지고 사랑을 참 많이 받고 있다는 생각이 들더랍니다. 그리고 아무리 생각해도 사모의 종양 중 하나만 교인들 때문에 생긴 거고 열한 개는 자기 때문에 생긴 거라는 생각이 들더랍니다.

그러면서 친구 목사가 위지안이라는 중국의 젊은 교수가 쓴 《오늘 내가 살아갈 이유》라는 책을 소개해 주었습니다. 위지안은 30세에 세계 100대 대학 중 하나인 상하이 푸단대학교의 교수가 되었지만 갑자기 찾아온 말기암으로 30대 초반에 생을 마감한 여인입니다.

위지안은 유난히 몸이 찬 편이라 추위를 많이 느꼈습니다. 대학에서 일을 마치고 자전거로 집에 돌아올 때면 따뜻한 침대에서 쉴 생각을 하곤 했는데, 막상 집에 와 보면 장난이 심한 남편이 자기 자리에 누워서 맞이하거나 잠들어 있을 때도 있었습니다. 그런데 위지안을 정말 화나게 한 건 남편의 장난이 그녀가 말기암 선고를 받고 병원에 입원했을 때도 계속된 것이죠. 죽을 만큼 힘들게 검사를 받고 병실에 돌아가 침대에 누우려고 하는데 남편이 장난스레 자신의 침대에 누워 있더랍니다. 그때는 정말 화가 났답니다. 내가 죽음을 앞둔 순간에도 어떻게 저런 장난을 치는지 말이죠.

그러다가 간호사의 말을 들었습니다.

"남편분께 이야기했습니다. 보호자가 환자의 침대에 누우면 안 된다고요. 그런데 남편분이 그러더군요. 우리 아내는 몸이 차가워서 따뜻한 자리를 좋아한다고요."

남편이 장난을 친다고 생각해 못마땅했는데, 사실은 아내를 위해 자리를 덥히고 있었던 거죠. 위지안은 이렇게 고백합니다. "조금만 신경 쓰면 보이고 알았을 것을 모르고 살았다"고 말입니다. 그 자리에서 그녀는 엉엉 울었답니다. 죽을 병에 걸려서야 보게 된 남편의 사랑이 너무 고맙고 미안해서 말입니다.

황혼에 접어드는 나이가 되면 눈물이 많아지고 배우자가 잘못될까 봐 걱정도 많아집니다. 누군가 주변에 있는 사람이 소중하게 생각될 때 비로소 사람이 되어가는 듯합니다. 소중한 사람이 나 때문에 아파한다면 안 될 일입니다. 후회할 일을 만들지 않는 이가 지혜로운 사람이겠죠.

이제는 주변에서 일어나고 있는 일에 귀를 기울이고 살 때입니다. 내 삶을 지키는 것도 버거운 이때 누군가를 돌아보기가 쉽지 않을 것입니다. 하지만 당신이 돌아보았던 그 사람이 당신에게 가장 소중한 사람이 될 것입니다.

조금만 주의 깊게 보면 보이는 것들을 놓치고 살아가고 있지는 않은지요? 축복을 축복인지 모르고 사는 것은 아닌지요? 조금만 신경 쓰면 알 수 있는 사랑은 무엇일까요? 죽음의 자락에서 발견한다면 너무 아쉽지 않을까요? 삶의 한 자락에서 알 수 있다면 참 예쁘고 아름다운 한 폭의 인생 그림이 되지 않을까요?

오늘 당신의 삶에서 아름다운 이야기를 찾아보길 바랍니다.

In the Garden (Celia Thaxter in Her Garden) (1892)
Childe Hassam

시기심이 항상 발목을 잡습니다 _____

새벽에 말씀을 묵상하는데 그런 생각이 들었습니다. 명예에는 두 종류가 있다고 말이죠. 하나는 내가 원하는 자리에 가야 명예롭다고 생각하는 것이고, 다른 하나는 하나님이 세워 주시는 자리에 가야 명예롭다고 생각하는 것입니다.

둘의 차이는 무엇일까요? 전자의 명예를 얻기 위해서는 시기심이 작동하지만, 후자의 명예를 얻는 데는 겸손과 기다림이 필요합니다. 시기심은 다른 사람을 인정하거나 배려하지 않는 마음이고, 겸손과 기다림은 다른 사람을 향한 하나님의 계획과 사랑을 인정하는 것이죠.

목회자인 저에게 늘 고민이 되는 문제는 시기심입니다. "마땅히 생각할 그 이상의 생각을 품지 말고 오직 하나님께서 각 사람에게 나누어 주신 믿음의 분량대로 지혜롭게 생각하라"(롬 12:3)고 하셨는데, 그 지혜가 부족한 모양입니다. 받은 것에 감사하기보다는 다른 사람을 부러워하니 말입니다.

언제부터인가 그런 생각이 들더군요. 만약 하나님이 나를 이 자리에 두지 않으셨다면 자격을 갖추지 못했을 테고, 그렇다면 이 자리에는 나보다 더 어울리는 사람이 있었을지도 모른다고 말이죠. 나를 비하하자는 말이 아닙니다. 오히려 내 삶을 향한 하나님의 계획을 신뢰한다는 뜻입니다. 하나님을 신뢰하기 시작할 때 우리를 향한 하나님의 계획들이 보입니다.

예수님이 말씀하셨던 포도원 품꾼의 비유를 생각합니다. 왜 우리는 나보다 일을 적게 하고 동일한 품삯을 받는 사람을 용납하지 못할까요? 그러면서 정작 나는 남보다 적게 일하고 동일하게 받고 싶어 하죠. 내가 남보다 일을 많이 했든 적게 했든, 애초에 주인이 나를 불러 주지 않았다면 나는 아무것도 아니라는 생각을 왜 못할까요?

이 세상 모두가 나보다 남을 더 낫게 여기며 살아간다면 어떻게 될까요? 최소한 그렇게 여기려 애쓰며 살아간다면, 결국 모두가 남보다 나은 사람이 되지 않을까요? 내가 남보다 낫다고 우기며 살아가는 세상에서, 반대로 남이 나보다 낫다고 생각할 때 더 나은 사람이 되는 하늘나라의 원리를 기억하면 좋겠습니다. 이것이야말로 우리 가슴에 가득한 시기심을 이기는 비결일 듯합니다.

Landscape at Newfields, New Hampshire (1909)
Childe Hassam

미련해 보이지만 가장 큰 지혜입니다

고린도전서 1장 후반부에서 사도 바울은 고린도 교회가 안고 있는 문제에 관해 언급합니다. 하나님을 믿는다는 사람들이 세상의 방식을 교회에 가지고 들어온 것이죠. 이 문제를 해결할 방법은 하나님의 방식을 적용하는 것입니다.

유진 피터슨(Eugene H. Peterson)은 이렇게 표현합니다.

"이것이 하나님께서 일하시는 방식입니다. …
내가 세상의 지혜를 뒤집어엎고 전문가라는 자들이 얼마나 정신 나간 사람들인지 폭로하겠다."
(고전 1:18-21, 《메시지》, 복있는사람)

교회가 세상과 다른 것이 무엇일까요? 세상은 '지식'으로 일하지만 교회는 '지혜'로 일하는 것입니다. 지식은 사람들이 배워서 쌓아 가는 것이지만 지혜는 하나님으로부터 오는 선물입니다.

어떤 교회는 지혜로 해결해야 할 문제를 지식으로 풀려 합니다. 그러다가 교회 안에서 벌어진 문제를 법대로 처리하려고 합니다. 왜 교회 문제를 세상으로 가져갑니까? 더 이상 성령님의 지혜를 구하지 않고 세상의 전문성을 의지하겠다는 것이죠. 그 순간 교회의 기능이 끝나는 것은 아닐까요?

여기에서 우리가 오해하지 말아야 할 것이 있습니다. 교회가 세상의 모든 가치와 상식을 무시하는 공동체, 즉 몰상식한 공동체가 되어야 한다는 말이 아닙니다. 적어도 세상의 가치와 상식을 뛰어넘는 공동체가 되어야 한다는 것입니다.

우리가 세상의 것을 모르거나 전문성이 부족해서 성령님의 지혜를 구하는 것이 아닙니다. 우리에게 전해진 십자가의 복음이 문제를 충분히 뛰어넘고도 남는다는 말입니다. 우리 인간들이 아무리 강하다고 자랑해도 하나님의 약함과 견줄 수 있겠습니까?

한번은 규모가 작은 교회에서 설교를 하게 되었습니다. 담임목사님이 참 어렵게 부탁을 합니다. "교회가 너무 작아서…"라며 말을 잇지 못합니다. 제가 한 가지 조건을 걸었습니다.

"사례비를 주지 않으시면 설교하겠습니다."

그렇다고 제가 모든 집회나 강연에서 사례비를 받지 않는 것이 아닙니다. 저라고 왜 돈이 싫겠습니까? 주머니가 두둑하도록 돈이 있어서 자녀들에게 맛있는 것을 사주고 용돈도 주면 누군들 좋지 않겠습니까? 그러나 세상에는 돈보다 중요한 것이 얼마든지 있습니다. 사례비를 받는 것보다 더 중요한 가치가 있습니다.

그래서 저는 외부에서 사례비를 받으면 대부분 다시 교회에 헌금합니다. 조금씩 돈을 모으다 보면 돈 모으는 목사가 될까 봐 스스로 경계합니다. 내 속에 있는 약함과 세속적인 면을 너무나 잘 알고 있기 때문이죠. (이 부분을 모든 목회자에게 적용해서는 안 됩니다. 제게는 만나교회라는 든든한 버팀목이 있기 때문에 가능한 일입니다.)

세상에서는 모든 일에 상응하는 가치가 있음을 상식으로 알고 살아갑니다. 하지만 우리에게 들어온 십자가 때문에 세상의 상식을 적용하지 말아야 할 때가 있어야 하지 않겠습니까?

제가 담임목사가 되고 참 당황스러운 일이 있었습니

다. 두 번에 걸쳐 교회 건물에 큰 공사를 했습니다. 그런데 공사할 때마다 리베이트라는 말이 나옵니다. 그게 관행이라는 것입니다. 참 답답했습니다. 왜 교회에서 일하는데 그런 단어가 오갈 수밖에 없는 걸까요? 그러니 세상이, 교인들이 교회를 세속의 눈으로 보는 것 아닐까요? 이쯤 되면 교회의 능력이 사라지는 것이 아닐까요?

저는 미련해지는 쪽을 택했습니다. 리베이트의 '리' 자도 나오지 않게 했습니다. 그뿐만 아니라 재정의 오고 가는 과정을 투명하게 했습니다. 공사를 책임진 장로님들에게 어디서든 밥 한 끼도 얻어먹지 말자고 당부했습니다. 세상 사람들이 보면 미련하다고 할지 모르지만, 그게 교회에서 일하는 방식 아니겠습니까? 미련해 보일지 모르지만 그것이 십자가의 방식이라면 따라가야 하는 것 아닐까요?

아마도 사도 바울이 오늘날 교회를 보면 고린도교회에 가졌던 답답한 마음이 들 듯합니다. 교회에서 말하는 성공이 세상과 전혀 달라야 하는 것 아니냐고, 교회에서 추구하는 가치는 세상과 전혀 달라야 하는 것 아니냐고 묻는다면 뭐라고 답할 수 있겠습니까?

집 팔았는데 돈이 많이 남으면 감사헌금 하기 쉽습니다. 자식이 좋은 대학 가고 좋은 직장 얻었을 때는 감사하기 쉽습니다. 하지만 하나님 뜻대로 살다 보니 집을 손해보고 팔게 되었는데 왜 그리 감사한지 눈물이 나온다고 감사헌금 할 수 있을까요? 자식이 좋은 대학에 갈 수 있는 성적이었는데도 사명 따라 기대에 못 미치는 대학에 갔다고 기뻐서 감사할 수 있을까요? 대기업에 다니면서 탄탄대로를 갈 수 있는데도 하나님 뜻을 따라 당장 내일 망할지도 모를 회사로 옮기게 됐다고 감사헌금 할 수 있겠습니까? 저는 우리 성도들이 모두 이런 감사를 고백하게 되기를 꿈꿉니다.

크리스천이라면 세상과 다른 감사를 해야 하지 않을까요? 우리가 완전할 수는 없지만 십자가를 생각하며 다른 가치 때문에 고민하며 살 수는 있지 않겠습니까? 그렇게 살다 보면 조금은 십자가에 가까워지지 않겠습니까?

하나님이 기뻐하실 가장 미련한 일 하나를 생각하고 실천해 봅시다.

그것이 세상의 지식을 따르는 일이 아닌 하나님으로부터 오는 지혜에서 시작되는 일이면 좋겠습니다.

Lighthouse, Isle of Shoals (1886)
Childe Hassam

실망 속에 기대가 있습니다

교인들이 목회자를 볼 때 실망스러운 일들이 있듯이, 목회자도 교인들을 보면서 실망스러울 때가 있습니다. 대개 실망은 기대를 충족시키지 못할 때 일어나지요. 서로에 대한 믿음이 깨어질 때 일어나는 일입니다.

하지만 조금 더 생각해 보면 "실망스럽다!"라는 말 속에는 아직 버리지 않은 기대가 포함되어 있다는 생각이 들지 않나요? 그래서 저는 이 말이 "나는 너에 대한 기대가 있어!"로 들리기도 합니다.

제가 우리 교회 새가족들에게 늘 하는 말이 있습니다.

"우리 교회에서는 절대로 담임목사를 믿지 마세요! 교구 목사도, 전도사도, 교인들도 믿지 마세요. 사람 믿으면 반드시 실망합니다. 다만 사랑하려고 노력하세요. 그러면 실망스러운 일이 생겨도 감싸안고 소망을 가질 수 있습니다."

싸움이 일어나는 이유는 딱 하나입니다. 유치하게 자기 편과 남의 편을 나누기 때문입니다. 주로 어린 아이들이 그러죠. 불안 때문에 누군가를 자기 편으로 만들어야 안심합니다. 고린도전서 3장 1-4절에서 사도 바울은 고린도교회 교인들에게 실망하며 이렇게 말합니다.

"여러분은 그리스도와 관련해서, 젖 먹는 것 외에는 아무것도 할 수 없는 어린아이처럼 굴고 있습니다. … 이제 나는 어린아이를 대하듯 여러분을 양육할 작정입니다. … 모든 것이 자기 마음대로 될 때에만 만족하는 젖먹이와 여러분이 다를 것이 뭐가 있겠습니까? 여러분 가운데 어떤 사람은 '나는 바울 편이다' 말하고, 또 어떤 사람은 '나는 아볼로를 지지한다'고 말한다니, 여러분은 어린아이처럼 구는 것이 아닌가요?" (유진피터슨, 《메시지》, 복있는사람)

어떻게 교회에 목사 편이 있고, 장로 편이 있고, 부목사 편이 있고 원로목사 편이 있습니까? 아무리 외형이 큰 교회라도 편을 나눠 싸우고 있다면 그보다 더 유치한 모습은 없을 것입니다. 결국 덩치만 큰 어린아이일 뿐입니다.

언젠가 제가 깨달아 알게 된 것이 있습니다. 목회를 하면서 교인들을 내 편으로 만들려 한다면, 반드시

반대 편 사람들 때문에 어렵게 될 것이라고 말입니다. 목회를 하면서 나를 지지해 주는 교인이 많으면 안전할 것이라고 생각하는 것처럼 유치한 일은 없는 듯합니다.

적어도 믿음으로 자라난다는 것은, 내 편이 되어 달라고 주장하는 것이 아니라, 내가 주님의 편이 되기로 작정하는 것입니다. "교회의 유일한 주인은 예수님이다!"라고 선포하는 것이지요.

교회에서의 싸움은 딱 한 가지만 존재해야 합니다. '지금 우리가 하고 있는 일이 주님의 뜻인가, 아니면 사탄의 계략인가?' 이 싸움은 피가 터지도록 감당해야 합니다. 이 싸움을 통해 하나님 나라와 세상 권세가 무엇인지 드러나기 때문입니다.

하지만 우리의 싸움으로 하나님이 명백하게 드러나는 일이 아니라면 그 싸움을 멈춰야 합니다. 징징대는 어린아이의 울음을 그쳐야 합니다.

당신에게서 솟아나는 그 불평과 비난이 하나님 때문인가요, 아니면 욕구가 채워지지 않아서인가요?

혹시 당신이 싸우고 있는 치열함들이 복된 일인지, 아니면 비난받을 유아적 사고인지를 깊이 묵상한다면 해야 할 일이 보이지 않을까요? 오늘 조용히, 그러나 깊이 당신의 공동체에서 일어나는 분열과 싸움의 이야기를 적어 본다면 조금은 명백한 사실들이 보이지 않을까요?

지금 내 일상이 혼란스럽다면, 그것은 우리가 잃어버린 고독의 시간들 때문인 듯합니다. 주님 앞에 홀로 대면해야 하는 시간들 말입니다. 거룩한 고독의 시간은 우리에게 영적 성숙을 가져다 줄 것입니다.

Mt. Beacon at Newburgh
Childe Hassam

2

이길 고난이 있으니 감사합니다

어떤 불을 통과하든 함께하십시다

성경에는 아주 명확하면서도 신기한 일들이 등장합니다. 그중 하나가 우리가 잘 아는 다니엘과 세 친구 이야기입니다(단 3장). 그들은 이방의 왕에게 끝까지 절하지 않고 신앙의 절개를 지켰지요. 그러다가 뜨거운 풀무 불에 던져져 죽을 위기에 처합니다.

대개 우리는 신앙생활을 하면서 기적과 드라마틱한 하나님의 역사를 기대합니다. 그러다가 고난과 위기에 빠지면 어떻습니까? 하나님을 원망하거나 신앙을 포기하지는 않습니까? 그러나 목숨을 내건 사람들에게서는 멋진 고백이 터져 나옵니다.

"그리 아니하실지라도 우리는 하나님을 부인하지 않습니다!"

죽음의 위기 앞에서도 여전히 하나님을 신뢰하겠다는 그들의 믿음은 평범의 차원을 벗어난 놀라운 고백이라 할 수 있습니다.

만약 지금 내 절실한 기도를 하나님이 들어주시지 않아도 여전히 하나님은 나의 하나님일 수 있습니까? 그렇게 쉬운 질문이 아닌 듯합니다. 우리는 주변에서 너무나 많은 사람이 기도에 응답받지 못했다는 이유로 하나님을 비난하는 것을 보아 왔기 때문입니다. 하나님에 대한 우리의 평가는 늘 하나님이 하시는 일이나 하나님의 계획이 아닌, 내 삶의 계획에 근거했던 것 같습니다.

다니엘의 세 친구는 하나님이 하시는 일을 온전히 신뢰한다는 믿음으로 기꺼이 풀무 불에 던져져서 죽음의 순간을 맞이합니다.

"왕이 또 말하여 이르되 내가 보니 결박되지 아니한 네 사람이 불 가운데로 다니는데 상하지도 아니하였고 그 넷째의 모양은 신들의 아들과 같도다 하고"
(단 3:25).

다니엘의 세 친구가 나왔을 때 타 버린 것은 그들을 묶은 결박뿐이었습니다. 그리고 불 안에는 네 명이 보였습니다. 살아 나온 사람은 셋뿐입니다. 그러면 네 번째 사람은 누구였을까요? 그들을 보호해 주신 하나님입니다. 다니엘의 세 친구가 풀무 불 속에서 타지 않은 이유는 하나님이 친히 그 속에 계셔서 그들을 보호해 주셨기 때문입니다.

우리는 불 밖으로 나온 사람이 셋뿐이었다는 사실에 집중할 필요가 있습니다. 불 속에 그분, 하나님이 세 친구와 함께 나오신 것이 아니라 여전히 불 가운데 계신다는 사실 말이죠. 얼마나 놀라운 일입니까?

"야곱아 너를 창조하신 여호와께서 지금 말씀하시느니라 이스라엘아 너를 지으신 이가 말씀하시느니라 너는 두려워하지 말라 내가 너를 구속하였고 내가 너를 지명하여 불렀나니 너는 내 것이라 네가 물 가운데로 지날 때에 내가 너와 함께 할 것이라 강을 건널 때에 물이 너를 침몰하지 못할 것이며 네가 불 가운데로 지날 때에 타지도 아니할 것이요 불꽃이 너를 사르지도 못하리니 대저 나는 여호와 네 하나님이요 이스라엘의 거룩한 이요 네 구원자임이라 …"
(사 43:1-3).

하나님이 아직도 불 가운데 계시다는 사실이 왜 중요한가요? 우리가 풀무 불에 던져지면 여전히 그곳에 머물러 계신 하나님이 우리를 또 보호해 주실 것이라는 약속이 아닐까요?

우리 인생은 세상과 신앙 사이에서 늘 위협을 마주

하고 있습니다. 하나님을 섬긴다는 것이 결박된 채로 풀무 불에 던져지는 절망을 의미할 때도 있습니다. 그런데 우리에겐 기꺼이 던져져도 좋다고 여기는 담대함이 있습니다. 그 뜨거운 불 속에 여전히 하나님이 계시기 때문입니다. 그 속에서 죽어도 우리는 그분의 품안에서 죽을 것이요, 아무리 뜨거워도 그 안에 계신 분이 우리를 보호해 주실 것입니다. 사나 죽으나 우리는 그분의 것이기 때문입니다.

지금도 불 속에 남아 계신 하나님은 우리에게 말씀하십니다.

"어떤 뜨거운 불 속에서도 내가 너희와 함께할 것이다!"

하나님이 친히 불 속에 계시기 때문에 우리는 불타지 않을 것입니다. 우리가 어떤 불을 통과하든 주님이 동행하실 것입니다.

Thaxter's Garden (1892)
Childe Hassam

버려지지 않았습니다 _____

_____

_____

_____

임마누엘이라는 말을 종종 듣습니다. '하나님이 우리와 함께하신다'는 뜻이죠. 그런 생각을 해봅니다. 세상의 고통을 피해 가고 싶은 우리가 이 말을 마치 마약과 같이 사용하고 있는 것 아닐까요?

우리는 종종 신앙을 왜곡해서 생각합니다. 하나님을 믿고, 하나님이 우리와 함께하시면 아무 문제가 없을 거라고 생각하는 것이죠. 그런데 실상은 하나님이 우리에게 오실 때 우리는 문제를 직면하게 됩니다. 하나님이 우리 안에 오신 후에야 비로소 그분의 밝음으로 인해 어둡고 악한 세상을 보게 되는 것입니다.

하나님이 우리와 함께하신다는 것은, 죄와 고통이 난무하는 이 세상 가운데서 살아갈 힘을 얻는다는 뜻입니다. 예수님은 이 땅 위에 오셔서 하나님의 뜻을 이루셨습니다. 하지만 십자가의 고통이 면제되지는 않았습니다. 그 고통을 통해 하나님의 뜻이 완성되었습니다.

오해하지 않기를 바랍니다. 고통이 우리를 향한 하나님의 본래 계획이라는 말이 아닙니다. 그 고통조차도 가치가 있는 이유는, 그 순간들 가운데 가장 친밀하게 하나님의 함께하심을 믿을 수 있기 때문입니다.

혹독한 인생살이에 괴로워하다가 저에게 상담을 요청한 교인이 있었습니다. 제가 무슨 답을 줄 수 있을까요? 하지만 주님의 이름으로 함께하고, 같이 아파해 줄 수는 있지 않을까요? 또 때마다 하나님의 함께하심을 상기시켜 줄 수 있지 않을까요?

고통의 시간들은 절대 저주의 시간이나 버림받은 시간이 아닙니다. 어두운 터널을 지나는 시간, 하나님은 당신과 함께하십니다.

그러니 이 시간을 감사하며 하나님과 무사히 완주하기를 응원합니다.

Late Afternoon, New York, Winter
Childe Hassam

닫힌 문을 여는 고백, 감사

어려운 시간을 보내고 있는 교인이 있습니다. 함께 아픈 마음과 형편을 나누면 좋을 텐데, 혼자 안고 갑니다. 그분에게는 아마도 심판받는 것은 아닐까? 하는 두려움이 있는 것 같습니다. 평생 열심히 신앙생활 해온 자신이 당하는 고통이 누군가에게 저주받는 모습으로 비칠지도 모른다는 두려움 말입니다. 종종 신앙인들이 빠지는 오류입니다.

저도 목회를 하면서 가끔 갈등의 시간 가운데 '아프지 말아야지!'라고 생각하던 때가 있었습니다. 내가 아프고 힘들어지면 스스로 잘못한 것을 인정하는 꼴이 되고 만다고 생각했습니다. 마치 스스로 감옥에 들어가 있는 것 같았습니다.

문제는 삶에 찾아오는 질병과 고통, 아픔이 아니라 그 속에 갇혀 있는 우리의 생각 아닐까요? 예수님께 찾아와 물었던 제자들처럼 말입니다.

"저 사람이 소경된 것이 누구의 죄입니까?"

그때 주님은 소경을 고쳐 주셨을 뿐 아니라, 그의 질병을 통해 하나님의 영광을 나타내셨습니다.

필립 얀시(Philip Yancey)는 이것을 "고통의 속량"이라고 표현했습니다. 고통을 통해 하나님의 은혜를 깨닫게 되는 것 말입니다. 고통이 우리를 속량합니다. 하나님의 은혜로 말이죠.

더욱 무서운 것은 우리를 힘들게 하던 누군가가 아주 심각한 어려움을 당할 때, 하나님이 상대방을 심판하신다고 말하며 자신의 의를 증명려는 것입니다. 나를 힘들게 하는 사람이 갑자기 세상을 떠나면 "거 봐요! 이제 알겠죠? 하나님이 누구 편인지" 합니다. 나를 힘들게 하던 사람이 갑자기 사업이 망해 어려움에 처하게 되면 "거 봐요! 하나님이 살아 계시잖아요" 합니다.

만일 하나님이 우리를 그렇게 심판하셨다면 지금 이 세상에 존재할 사람은 아무도 없을 것입니다. 자신을 저주하든 상대방을 저주하든, 저주란 우리 스스로를 깊이 가두는 참으로 무서운 감옥입니다.

저주의 감옥에서 나오십시오! 질병과 가난 그리고 고통 가운데서 우리를 속량하시는 하나님의 은혜가 보이기 시작할 때, 우리는 자유함을 누릴 수 있습니다.

주님은 우리를 심판하기 위해 이 땅에 오신 분이 아니라 구원하기 위해 오셨습니다. 우리를 자유하게 하려고 오셨습니다. 사탄에게 빼앗긴 이 복음을 다시 찾아야 할 때입니다.

Le Crépuscule (circa 1888-1893)
Childe Hassam

숨겨 놓으시는 이유가 있습니다 _____

_____

_____

_____

우리의 삶에는 결단의 순간들이 종종 있습니다. 그 순간만큼은 결연한 모습으로 미래를 다짐하죠. 그런데 그 결심들을 계속된 의지로 이어 가는 것은 쉽지 않은 듯합니다. 그래서 뜨거운 감정으로 간증하는 사람들을 보면 위태로운 생각이 들 때가 많습니다.

매년 연예인들이 모이는 집회에 가면 몇 가지 원칙이 있습니다.

'예배를 통해 모이는 사람들과 사진을 찍거나 간증 섭외 금지!'

아마 이 집회를 이끌어 온 이성미 집사의 마음에는 아직 설익은 감정으로 간증했다가 넘어지는 사람들을 보는 게 안타까웠던 모양입니다. 얼굴과 이름이 많이 알려진 연예인들이기에 더욱 쉽게 감정적으로 뜨거워지는 후배들을 보는 게 조마조마했을 지도 모릅니다.

물론 하나님은 넘어진 우리를 일으켜 회복시키시고 다시 사용하실 수 있습니다. 그러나 인생을 살면서 넘어지는 경험들이 바람직하지만은 않습니다. 제가 종종 하는 말이죠.

"하나님의 교정하심을 경험하는 사람이 있는가 하면, 인도하심을 경험하는 사람이 있습니다."

은혜를 받고 마음이 뜨거운 사람, 사명으로 가슴이 불타는 사람에게 조심스럽게 전하고 싶은 말이 있습니다. 결연한 결단이 있었다면, 지속된 의지를 갖고 그 결단을 삶으로 준비하는 시간이 필요하다고 말입니다. 하나님의 영광을 가리는 것은 죄의 문제라기보다는 조급함의 문제일 것입니다. 내가 준비되었다고 생각하는 때가 아니라, 하나님이 쓸 수 있겠다고 생각하시는 때가 되어야 합니다.

저도 나이가 들면서 훌륭한 후배 사역자들을 많이 만납니다. 소위 숨은 고수들입니다. 빨리 많은 사람이 그들을 알았으면 좋겠다는 조급함에 여기저기에 소개해 주고 싶기도 합니다. 그런데 어떤 경로를 통해 그들이 드러났을 때, 어떤 이를 보면서는 너무 자랑스럽고 감사하지만, 어떤 이를 보면서는 좀 더 나중에 드러났다면 좋았을 걸 하는 안타까운 마음이 들기도 합니다.

결국, 일을 잘하고 못하고가 아니라 끝까지 그 길을 갈 수 있는 내공이 있는가의 문제일 것입니다. 사람들 앞에 드러나지 않는 삶에 대하여 조급하지 않았으면 좋겠습니다. 하나님이 숨기시는 이유가 있습니다. 늦은 것이 아니라 아직 때가 오지 않았을 뿐입니다.

반짝 뜨는 별보다는 끝까지 자리를 지키는 별이 좋습니다. 지나가는 혜성, 떨어지는 별똥별이 잠시의 화려함으로 눈길을 사로잡지만 자신을 태우고는 흔적도 없이 사라져 버립니다. 숨겨진 시간들, 보이지 않는 준비의 시간들, 감정적 결단의 강철 같은 의지로 다듬어지는 시간들이 보이는 것보다 더 소중한 시간이라는 것을 잊지 않았으면 좋겠습니다. 알려진 크리스천들이 추락하는 것을 볼 때마다 찾아오는 안타까움입니다.

숨겨진 시간의 소중함과 가치를 아는 오늘이 되기를 바랍니다.

눈에 보이는 게 다는 아니죠 _____
_____
_____
_____

알래스카 집회에 갔을 때 빙하를 본 적이 있습니다. 배를 타고 지나가는데 현지인 중 누군가가 '빙산의 일각'을 설명하더군요. 물에 떠 있는 얼음의 양은 전체의 10분의 1밖에는 되지 않는다고 말이죠.

이런 말들이 자랑일지 자기 비하일지는 잘 모르겠지만, 저는 목회를 하면서 자유로운 영혼이라는 말을 종종 듣습니다. 혹은 어떻게 저렇게 놀면서 목회하는지 부럽다는 이야기도 참 많이 듣고요. 유학 시절에는 김병삼 목사와 어울리면 유학에 실패한다는 말도 들어 봤습니다. 그러나 보이는 게 다는 아니죠. 저에 대해 그렇게 생각하는 이유는 빙산의 일각만 봤기 때문입니다.

제게는 몇 가지 원칙이 있었습니다.

'주말에는 공부할 것을 가정에 가져오지 않는다!'

가족들과 함께하고 교회 사역을 해야 하는 시간이기 때문이죠. 그 시간을 확보하기 위해 아무도 없는 도서관을 혼자 지켰던 때가 참 많았습니다.

요즘 목사님들은 저에게 "어떻게 그렇게 놀면서 목회할 수 있죠?"라고 묻습니다. 남들에게 노는 것처럼 보이는 그 시간을 확보하기 위해 아무에게도 방해받지 않는 혼자만의 시간을 많이 가진다는 사실을 사람들은 알지 못합니다.

긍정적이든 부정적이든 사람들은 눈에 보이는 빙산의 일각을 보고 판단합니다. 사실 눈에 보이는 것들은 눈에 보이지 않는 시간들 속에서 착실하게 만들어지고 있는 것인데 말입니다.

한참 설교 시간마다 '하나님 닮은 생각' 그리고 '하나님 닮은 행동'에 대하여 이야기했습니다. 물론 전제는 '하나님처럼 생각하기'입니다. 보이지 않는 생각의 시간들은 보이는 행동의 시간들에 비하면 빙산의 일각입니다.

흔히들 무슨무슨 '증후군'을 말합니다. 사실 증후군은 지나간 시간들의 결정체고 흔적입니다. 조금 나쁜 말로 한다면 상처라고 표현할 수도 있겠죠. 시간이 지나면 상처는 아물고 흔적은 점점 줄어듭니다. 하지만 그 상처의 아픔은 과거의 기억 속에 여전히 존재하고 있습니다. 그러니 그 사람의 현재 어떠함만을 가지고 그의 인생을 평가하고 판단할 수는 없는 것 아닐까요?

이렇게 말을 바꿀 수 있을 것 같군요.

"보이지 않는 시간들이 보이는 삶을 만든다!"

신앙이란 더더욱 그렇습니다. 오늘 우리가 만나고 경험하는 모든 일이 보이지 않는 하나님과의 관계에서 비롯됩니다. 하나님을 생각하는 것만큼 하나님 닮은 삶을 살 수 있습니다.

Fisherman, Isle Of Shoals (1903)
Childe Hassam

Evening (Isles of Shoals) (1907)
Childe Hassam

하나님은 과거에 머무시는 분이 아닙니다

R. T. 켄달(Kendall)은 《내일의 기름부음》에서 목회자인 저조차 명확하게 풀지 못했던 일들에 관해 잘 정리해 놓았습니다. 하나님의 사람들이 경험하는 불행한 타락들 말입니다. 우리는 심심치 않게 이런 일들을 보아 왔습니다. 하나님이 그들을 쓰셨다는 것은 의심의 여지가 없는데, 왜 그들 인생의 말로는 좋지 않았던 걸까요?

켄달은 그의 책에서 마틴 로이드 존스(Martyn Lloyd-Jones)의 말을 인용합니다.

"인간에게 일어날 수 있는 가장 불행한 일은, 그가 준비도 되기 전에 성공하는 것이다."

하나님이 쓰시는 사람들에게 예외 없이 나타나는 현상은 은사입니다. 그 은사가 잘못은 아닙니다. 다만 준비되지 않은 자에게 주어지는 은사는 불행인 것 같습니다. 준비도 되기 전에 찾아오는 성공이 불행이라는 켄달의 말과 같은 맥락이죠. 성공만 꿈꾸기보다는 그 성공을 잘 담아낼 수 있도록 준비된 자가 되기를 꿈꿔야 하지 않을까요?

요셉 이야기에 공감이 갑니다. 요셉이 어린 시절 받았던 특별한 은사는 '꿈꾸는 것'이었습니다. 그의 은사가 잘못은 아니죠. 단, 그 은사를 제대로 사용하지 못하는 바람에 형제들의 시기와 질투의 대상이 된 것이 문제였습니다. 물론 요셉의 인생 여정에는 하나님의 놀라운 섭리가 있었다는 것을 우리는 알고 있습니다. 하나님은 그를 위해 길고 긴 연단과 준비의 과정도 예비해 두셨습니다.

준비되지 않은 사람들에게 성공은 금세 과거의 것이 되고 맙니다. 성공의 기억을 가지고 얼마를 갈지 모르지만, 하나님이 더 이상 쓰시지 않는 자의 성공은 불행한 것입니다. 이런 사람에게는 증거가 있습니다. 누군가를 시기하고 질투하죠. 누군가 내 성공을 빼앗지는 않을까 하는 두려움에 빠집니다. 다른 사람을 쓰시는 하나님의 계획을 축복하지 못하고 있다면 이미 과거의 사람이 되었다는 증거입니다.

사울 왕은 하나님이 택하신 사람입니다. 하지만 하나님이 그를 버리셨을 때, 그는 시기와 질투로 눈이 멀어 있었습니다. 물론 버리셨다는 것이 그에게 더 이상 기회가 없었다는 의미는 아닙니다. 그러나 그는 끝까지 하나님께 돌아오지 않았습니다. 다윗이 기름부음 받은 후에도 사울은 20년이나 왕 노릇합니다. 하지만 그는 불행한 상태로 자신의 자리를 지켰을 뿐입니다.

두려운 마음으로 묵상하게 됩니다. 과거의 사람이 되지 말아야겠다고. 성공보다는 준비를 꿈꾸는 사람이 되어야겠다고. 나를 쓰심에 감사함과 더불어 누군가를 쓰심을 진심으로 기뻐하는 사람이 되어야겠다고.

성공한 자의 불행은 더 이상 배우려 하지 않는다는 것입니다. 더는 하나님의 인도하심을 바라지 않는다는 것입니다. 그러나 하나님은 과거의 성공에 머무시는 분이 아닙니다. 지금도 강력하게 움직이며 새로운 변화의 역사를 만들어 가시는 분이라는 사실을 기억해야겠습니다.

오늘의 한국 교회, 그리고 모든 목회자와 교인이 오늘의 기름부음을 구하면 좋겠습니다. 아무리 생각해도 교회가 가야 할 길이 잘 보이지 않습니다. 세상을 설득하고 변화시킬 방법도 잘 보이지 않습니다.

하지만 우리에게 길이 보이지 않는다고 하나님의 길이 없는 것은 아닙니다. 단지 우리가 알지 못할 뿐입니다. 오늘의 기름부음이 그 길을 알게 할 것입니다. 겸손하게 배움과 기다림의 광야로 나가야겠습니다. 과거의 사람, 과거의 교회가 아니라 미래의 사람이 되기 위해서 말입니다.

그래서 절망과 어둠의 터널에 희망이 있습니다. 그 희미한 빛과 길이 아직 무엇인지는 확실하지 않으나, 저 터널의 끝에서 우리는 분명하게 보게 될 것입니다.

무엇보다 하나님이 계속해서 이런 생각을 주십니다. 나라와 민족, 그리고 하나님이 허락하신 한국 교회를 비판하기 보다는 기도해야 할 때라고 말입니다.

Low Tide, Isles of Shoals (1903)

Childe Hassam

영광의 순간을 조심하세요 _____

_____

_____

_____

신앙생활은 마치 외줄타기와 같습니다. 이스라엘 왕에 관한 설교를 하면서 그런 생각을 하게 됐습니다.

어떤 왕인들 통치를 잘하고 싶지 않겠습니까?
어떤 왕인들 좋은 왕이 되고 싶지 않겠습니까?

그런데 문제는 이런 처음 마음을 끝까지 가지고 가기가 참 힘들다는 거죠. 왜 하나같이 자기를 그 자리에 세워 주신 하나님께 영광을 돌리기는커녕 도리어 그 영광을 가로채려 할까요?

신앙생활은 외줄타기와 같습니다. 하나님은 우리 삶을 통해 영광 받기를 원하시고, 그래서 우리를 세워 주시지만, 우리의 어떠함으로 하나님의 영광이 가려지면 그 축복을 거두시기 때문입니다.

하나님은 우리가 끊임없이 그분께 집중하기를 원하시는 것 같습니다. 이런 비유가 어떨까요? 이 세상에는 두 종류의 사람이 있는데 어떤 사람은 받은 선물만 바라보는가 하면, 어떤 사람은 그 선물을 주신 분을 바라보는 것이죠. 선물만 바라보며 살면 우리 삶이 탐욕스러워지지만, 선물 주신 분을 바라보면 감사의 삶을 살게 됩니다.

한국 교회에서 하나님의 영광이 떠났다고들 말합니다. 왜 그럴까요? 지금껏 한국 교회를 축복해 주신 하나님께 집중하지 않고 주신 복만 바라봐서가 아닐까요? 하나님께 돌아가야 할 영광을 가로챘기 때문은 아닐까요?

그러고 보면 신앙은 고난의 순간보다 영광의 순간에 더 지키기 어렵다는 말이 맞습니다. 교회도 마찬가지입니다. 우리가 교리적 문제, 정치적 문제 등으로 논쟁하거나 시위한다고 해서, 거기에서 승리를 거머쥔다고 해서 하나님이 영광을 받으시겠습니까? 오히려 우리가 많이 낮아지고, 내가 받던 영광을 내려놓아야 하지 않을까요? 그래야 믿지 않는 사람들이 한국 교회, 기독교를 통해 하나님을 보게 되지 않겠습니까?

생각해 봅시다. 우리에게 주어진 부와 권위가 하나님의 영광을 넘어서고 있지는 않습니까? 그리 큰 부와 권위가 없더라도, 아주 사소하고 작은 것 가지고도 하나님의 영광을 가로채지는 않았나요?

한국 교회가 더 이상 하나님의 영광을 가로채지 않았으면 좋겠습니다. 받은 축복을 자랑하는 교회가 아니라 하나님이 드러나는 교회가 된다면 좋겠습니다. 우리 모두에게 주신 하나님의 축복이 삶의 수치가 되지 않기를 기도합니다.

오늘 하루를 이런 질문으로 시작해 봅니다.

무엇을 내려놓아야 하나님이 우리 삶을 통해 영광을 받으실 수 있을까요? 혹시 우리가 가로채고 있는 하나님의 영광은 무엇일까요?

우리가 내려놓으면 하나님이 일하신다는 겸손한 진리를 다시 한번 경험할 수 있다면 좋겠습니다.

유혹을 참아 내야 크리스천이죠 _____

우리가 하나님을 믿는 성령의 사람이라는 가장 강력한 증거는 오래 참음과 인내고, 반대로 우리가 성령을 거스르고 죄를 짓는 많은 이유 가운데 하나는 참지 못함일 것입니다.

얼마 전에 참 안타까운 소식을 들었습니다. 어렵게 사업에 재기한 교인이 있었습니다. 열심히 살던 분이었는데 불의한 일을 저지르게 되었습니다. 아마도 돈의 유혹이었겠지요. 돈을 싫어할 사람이 누가 있겠습니까? 그렇지만 그것을 참아 내는 것이 크리스천 아닐까요?

그 교인을 보며 믿지 않는 사람이 그렇게 말했다고 하지요.

"그 사람 교회 다니지 않아?"

그 얼굴에 비아냥과 경멸의 모습이 깃들었다고도 하고요.

누군가 그런 말을 했습니다.

"예수님을 힘들게 하고 가슴 아프게 하는 사람은 무신론자들이 아니라 오히려 하나님을 믿는 자들이다."

성령의 사람은 하나님을 기쁘시게 합니다. 현재 당하는 고난의 시간들을 잘 견뎌 내며 하나님 나라를 바라며 삽니다. 그래서 성령의 사람은 '지금 나에게 어떤 일이 일어나고 있는가?'에 초점을 맞추지 않고, '지금 내 안에 어떤 일이 일어나고 있는가?'를 생각하며 살아갑니다. 내 안에 성령님이 계시기 때문에 내 앞에 일어나는 일에 대하여 믿음으로 반응하는 것이죠.

"다만 이뿐 아니라 우리가 환난 중에도 즐거워하나니 이는 환난은 인내를, 인내는 연단을, 연단은 소망을 이루는 줄 앎이로다"(롬 5:3-4).

오늘도 하나님의 말씀이 새롭게 다가옵니다.
그래서 하나님의 말씀인가 봅니다.

Meadows (circa 1891)
Childe Hassam

3

도움받을 약함이 있으니 감사합니다

대견스러움과 사랑스러움의 차이 _____

새벽예배를 인도하면서 교인들을 위해 기도하다 보면 울게 하시는 마음이 있습니다. 추운 날에는 칼바람을 뚫고, 더운 날에는 무더위를 뚫고 새벽을 깨우는 교인들. 참 기도할 것이 많은 그들의 아픈 마음을 보게 하시기 때문이죠.

때로 하나님께 떼를 쓰며 기도하는 것이 유치하다고 생각했는데, 그러한 기도야말로 하나님이 자녀들에게 주신 특권이라는 생각이 들었습니다. 하나님의 뜻을 알게 해달라는 기도를 할 수 있는 사람이 된다면 참 좋겠죠. 그런 모습을 보면 "너 참 대견하구나!"라고 칭찬하실 것 같습니다. 하지만 부족한 모습으로 하나님께 무언가를 구하는 우리의 모습을 보시면 "너 참 사랑스럽구나!"라고 하실 것 같습니다.

어쩌면 우리를 기뻐하시는 하나님 아버지의 마음은 대견스러움보다 사랑스러움이 더 크지 않을까라는 생각이 들기도 합니다.

"우리 하나님의 인자하심이 후하다"라는 말씀이 마음 깊이 다가옵니다. 우리가 생각한 것보다, 우리가 구하는 것보다 후한 하나님의 인자하심. 후할 수밖에 없는 이유가 있습니다. 하나님께 우리는 특별하기 때문이죠.

언젠가 친구 목사가 군대 간 아들의 사진을 보여 줬습니다. 후줄근한 군복을 입고 찍은 사진이었습니다. 아마도 훈련의 끝 무렵이었던 것 같습니다. 아들의 모습에 안타까워하는 친구를 보며 그런 생각을 했습니다.

"군인이 다 그렇지. 군대 가서 훈련받지 않는 사람이 어디 있을까."

그런데 가만 생각해 보니, 그 친구에게는 사진 속 청년이 단지 군인이 아니라 아들이었으니 얼마나 긍휼한 마음이 들었겠습니까? 하나님의 인자하심이 후한 이유도 우리가 자녀이기 때문이 아닐까요? 대견스러움이 좋지만 사랑스러움이 좋은 이유는 우리가 하나님의 자녀이기 때문은 아닐까요?

우리가 맘껏 하나님께 기도하고 청원할 수 있는 권리를 가졌다는 것이 참 굉장한 일이라는 생각이 듭니다.

The South Ledges, Appledore (1913)
Childe Hassam

선물, 은혜, 그리고 감사

누군가에게 선물을 받는다는 것은 참 감사한 일입니다. 언제부터인가 어디를 가든 대접받는 일이 점점 많아지고 있습니다. 강사 초청을 받아 가는 교회마다 교인들이 정성껏 대접해 주십니다. 그런데도 뭔가 부족한 것 같다며 안타까워하는 교인들과 감사함과 미안함을 안고 헤어지는 일들이 많습니다. 그 사랑의 여운들이 참 오래도록 남습니다. 그뿐 아니라 만나교회 장로님들과 부목사들, 전도사들, 직원들, 교인들에게도 많은 사랑과 애정을 받고 있으니 저는 참 행복한 목회자라고 생각하곤 합니다.

그런데 안타깝게도 선물을 주는 사람의 마음만큼 받는 사람이 동일한 감사를 느낄 수 없는 것 같습니다. 선물을 준 사람에게는 미안하지만 사실입니다. 선물한 사람들은 그 선물을 마련하기 위해 희생을 감수하지만, 받는 사람은 무엇도 희생하지 않고 그저 감사함을 느낄 뿐이니까요.

에베소서에서 사도 바울이 한 "구원은 하나님으로부터 온 선물"이라는 말의 뜻을 조금은 이해할 것 같습니다. 우리가 하나님으로부터 받은 구원의 선물이 감사하기는 하지만 하나님 아버지의 마음만큼은 알 수 없다는 것을 말입니다.

'구원 받은 자의 선물'에 대해서 생각해 봅니다. 누군가에게 받은 사랑에 겨워 감사하는 것도 참 좋지만, 그 사랑을 생각할 때마다 나도 누군가에게 그 사랑을 주어야겠다는 마음 말입니다.

그런데 사도 바울은 그 구원의 선물이 믿음으로 말미암아 우리에게 주어진 것이라고 합니다. 하나님을 믿는 믿음 없이는 그 어떤 희생과 사랑도 우리에게 선물로 오지 않습니다. 그 믿음이 들어올 때 우리 인생이 바뀌는 것이죠. 하나님으로부터 온 믿음이 그 누군가를 믿어 주는 믿음으로도 연결된다면 좋겠습니다. 받은 사랑의 선물을 조금은 쉽게 누군가에게 나누어 주는 마음들이었으면 좋겠습니다.

저는 목회가 참 즐겁습니다. 즐겁고 행복하다는 말이 힘들지 않다는 의미는 아닙니다. '나는 왜 행복할까?'를 생각해 보았습니다. 교회와 교인들을 향한 서로의 믿음 때문에 그렇다는 생각이 듭니다. 하나님을 믿는 우리가 왜 행복할까요? 우리를 믿어 주시는 하나님의 사랑 때문이 아닐까요? 기꺼이 우리에게 선물을 베풀어 주신 그 은혜 때문에 말입니다.

지금까지 지내온 것 주의 크신 은혜라
한이 없는 주의 사랑 어찌 이루 말하랴
– 찬송가 301장, "지금까지 지내온 것" 중에서

돌아가신 아버지가 명절이 되면 늘 함께 부르자 하시던 찬송입니다. 아버지는 참 많이 고생하며 목회하셨습니다. 그런데 늘 "감사해라, 감사해라" 말씀하셨습니다. 감사할 것이 있어야 행복하고, 나눌 수 있고, 그래야 하나님을 잊지 않겠죠.

받은 선물을 나눌 수 있으니 어찌나 감사한지요.
그래서 저는 행복한 목사입니다.

헌신이란 조금 더 오버하는 일

강화에 청년집회가 있어 간 길에 꽃게탕을 파는 유명한 식당에 들렀습니다. 추운 날 그렇게 많지 않은 손님들 가운데 유독 술을 마시는 사람이 많더군요. 술이 들어가서인지 식당 직원에게 함부로 서비스를 요구하는 사람도 있었습니다.

문제는 그 식당 직원이 우리나라 사람이 아니었습니다. 한국말이 서툰 느낌이었습니다. 술이 거나한 사람들이 내뱉는 정제되지 않은 말들을 잘 못 알아듣는 것 같았습니다. 그래도 꿋꿋하게, 조금 어눌한 한국말로 "알겠습니다. 조금만 기다리세요. 미안해요"를 외치면서 자기 몫을 톡톡히 해내고 있었습니다.

그런 말이 있죠. 웃는 게 웃는 게 아니라고. 주문을 받으며 연신 미소를 띠고 있는 직원의 얼굴이 제 눈에는 좀 슬퍼 보였습니다. 술에 취한 사람들 눈에는 그런 모습이 들어오지 않는 눈치였습니다. 그저 자기 말을 잘 못 알아듣는 그 직원이 불편하게만 느껴지는 듯했습니다.

그의 슬픈 미소를 보고 뭔가 위로해 주고 싶은 마음이 들었습니다. 나가는 길에 만 원짜리 지폐 한 장을 그의 손에 쥐어 주었습니다. 일종의 팁이라고 생각하고 받아 주길 바랐습니다. 그는 이런 상황이 익숙하지 않은지 참 어렵게 받더군요.

그렇게 상황이 마무리되나 했는데, 그것을 지켜보고 있던 식당 주인이 저를 따라 나왔습니다. 그러더니 "우리 직원에게 신경 써주셔서 정말 감사합니다" 하고 제 차가 떠날 때까지 밖에 서서 인사해 주더군요. 감사했습니다. 사실 그 직원에게 팁을 주며 내가 너무 오버하는 건가 싶었는데, 결국엔 오버하길 잘했다는 생각이 들었습니다. 조금은 오버하는 그 마음이 누군가의 삶을 따뜻하게 만들 수 있지 않을까 싶었습니다.

헌신이란 이처럼 내가 할 수 있는 일보다 조금 더 오버하는 일 아닐까요? 그리고 그 헌신이 그저 내가 기뻐서 할 수 있는 일이면 좋겠습니다.

웃는 게 웃는 게 아닌 주변 사람들의 얼굴이 눈에 들어와 그들에게 위로를 건넬 수 있는 삶이면 좋겠습니다.

September Moonrise (1900)
Childe Hassam

하나님 덕분에 좋은 일이 많았습니다 _____

오래전 《사랑의 왕진가방》의 저자 박세록 장로님과 이야기를 나눈 적이 있습니다. 미국으로 이민 가 의사로서 편안하게 살 수 있었던 사람을 하나님이 부르셔서 북한에 대한 마음을 주셨다고 했습니다.

장로님에게는 특별한 동역자가 있었습니다. 어디에서 무엇을 하든 사모님이 항상 함께하시더군요. 장로님은 소소한 부분들을 신경 써주는 사모님이 계셔서 여기까지 올 수 있었다고 고백했습니다. 그러면서 저에게 권하더군요.

"목사님, 제가 가입한 클럽이 있는데 목사님도 들어오면 좋겠네요!"

그 클럽의 이름이 '마덕사'였습니다. '마누라 덕분에 사는 사람들'이란 뜻이죠.

가만 생각해 보니 저도 그 클럽에 가입해야 할 사람인 듯합니다. 저는 운전할 때도 아내가 없으면 길을 잘 찾지 못합니다. 여행할 때도 짐을 잘 싸지 못합니다. 참으로 신기하게도 제가 손을 대면 정리되어 있던 가방이 순식간에 엉망이 되어버리더군요.

목사가 되어 26년을 지나오는 동안 아내는 제게 큰 도움이었습니다. 어제는 함께 새가족 심방을 하러 다녀왔습니다. 저는 집에 돌아왔는데, 아내는 또 다른 집으로 심방을 가더군요. 이쯤 되면 마누라 덕분에 사는 사람이 맞죠?

이 나이가 되어서도 마누라 덕분에 산다고 하니 안쓰러워 보이나요? 그런데 누군가의 덕분으로 산다고 생각하는 사람은 참 행복한 사람입니다. 오히려 제가 결혼을 참 잘한 것 아닐까요? 아직까지도 남편 뒤치다꺼리해야 하는 아내에게는 미안한 마음을 전합니다.

한 가지를 제안해 보려고 합니다. 우리 '하덕사 클럽'의 회원이 되어 봅시다. '하덕사'는 '하나님 덕분에 사는 사람들'의 모임입니다. 신앙인에게 가장 아름다운 고백이 무엇일까요? "내가 사는 것은 하나님 덕분입니다!"라는 말 아닐까요? 그러고 보면 은혜는 그게 은혜인지 알아보는 자에게만이 은혜입니다. 은혜를 모르는 자에게는 아무리 좋은 것을 주어도 감사가 없기 때문입니다.

우리 교회를 다니는 한 새가족 권사님이 아주 재미있는 이야기를 들려주었습니다. 딸 옷에 달 단추를 사러 단추 가게에 들렸는데, 안에서 찬송 소리가 들리기에 "교회 다니세요?" 하고 물었답니다. 그러자 가게 주인이 "네, 손님도 교회 다니세요?" 하고 묻더랍니다. 그래서 "네, 저는 만나교회 다녀요" 했더니, 그 가게 주인이 (제 입으로 말하기에는 쑥스럽지만) "제가 김병삼 목사님 너무 좋아해요!" 하고 단추 값을 받지 않더랍니다. 그 값이 1만 7,500원이나 되었답니다. 그 새가족 권사님이 "목사님 덕분에 단추도 공짜로 받았어요!" 말해 주는데 얼마나 반갑고 흐뭇했는지 모릅니다.

생각해 봤습니다. 하나님이 우리에게 제일 듣고 싶은 말, 듣고 덩실덩실하며 좋아하실 만한 말이 뭐가 있을까요? 이런 말 아닐까요?

"하나님, 오늘 하나님 덕분에 좋은 일이 참 많았어요!"

우리 모두가 하덕사 클럽의 회원으로서 이 고백을 할 수 있다면 좋겠습니다.

Field of Poppies, Isles of Shoals (1890)
Childe Hassam

Flower Girl (circa 1887-89)

Childe Hassam

기적이 기적으로 이어집니다 _____
_____
_____
_____

예배를 시작하기 전 준비한 말씀을 가지고 기도실에서 기도할 때였습니다. 일하는 도중 사고로 전신에 화상을 입은 교인을 위해 헌금해야겠다는 마음을 주셔서 '한 셈 치고' 헌금을 제안했습니다. 오늘 하루 가족들과 외식한 셈 치고, 청년들은 예배 마치고 커피 마신 셈 치고 헌금해 보자는 것이었습니다.

예배를 마치고 나가는데 중년의 부부가 저를 찾아왔습니다. 처음 보는 분들이었는데, 눈가가 촉촉했습니다. 두 분은 대뜸 그 화상 입은 가장과 가족을 위해 치료비 전액을 헌금하고 싶다고 말했습니다. 그러면서 두 분의 사연을 들려주었습니다.

지난해 11월 성악을 전공하고 찬양하는 것을 그렇게 좋아하던 아들이 교통사고로 세상을 떠났다고 했습니다. 그 일로 생명보험금을 받았는데, 아들의 목숨값으로 받은 돈을 어떻게 써야 할지 고민하며 기도하고 있었다는 것입니다. 그러던 중에 하나님이 다른 생명을 살리는 데 사용해야겠다는 강한 마음을 주셨고, 오늘 설교를 듣고 저를 찾아왔다고 했습니다.

두 분은 아직도 아들이 너무 보고 싶어 매일 눈물로

지내고 있었습니다. 경상도에서 살던 가족이 아들을 잊어 보려고 우리 교회 근처까지 이사를 왔다고도 했습니다.

두 분의 사연은 묘하게도 나인성 과부의 이야기를 닮아 있었습니다. 하나밖에 없는 아들을 잃고 장례 행렬을 따라가던 과부를 예수님이 만나 주신 사건이었죠. 이 말씀을 붙들고 묵상하는데 눈물이 나더군요. 나인성 과부를 보시고 불쌍히 여기며 "울지 말라"고 하신 예수님의 음성이 꼭 그 중년 부부를 위해 주시는 말씀 같았기 때문입니다.

말씀이 참 놀랍더군요. 가버나움에서 출발해 나인성을 향해 가고 있던 주님의 행렬이, 나인성에서 아들이 죽기 전부터 시작한 발걸음이었다는 것이 말입니다. 주님은 과부의 슬픔이 시작되기도 전에 이미 그를 위로하시기 위해 여정을 시작하셨습니다. 무리가 주님을 따르고 있었습니다. 아들이 살아난 기적을 경험한 사람은 한 명이었지만 많은 사람이 그 소식을 들었습니다. 그들은 하나님이 돌아오셔서 우리를 불쌍히 여기시고 구원하신다는 것을 알게 되었습니다. 그 놀라운 일의 소문이 퍼져 나가기 시작했습니다.

저는 그 소문을 '거룩한 소문'이라고 말하고 싶습니다. 그 소식 덕분에 사람들이 예수님이 누구신지를 알기 시작하며 위로하시는 주님을 기대하게 되었습니다.

찬양하는 것을 좋아했다던 중년 부부의 아들. 그의 생명보험금으로 치러진 목숨값이 한 생명과 가정을 살렸습니다. 또 그 가정이 누군가의 생명을 살리는 기적으로 이어지리라 믿습니다.

하나님이 주신 마음이 있습니다. '한 셈 치고' 헌금을 계속해야겠다고 말이죠. 이기적인 세상을 살아가는 우리에게 한 셈 치고 누군가를 생각할 수 있는 마음, 우리를 불쌍히 여기신 주님의 마음을 헤아릴 수 있는 기회를 주시는 것이 참으로 놀라운 기적이라고 말이죠.

'하늘에서 시작한 기적, 땅에서 능력으로 임하다!'

이런 기적을 경험하는 공동체의 목사인 것이 참으로 감사합니다. 서로가 서로에게 감사하고, 서로 함께하는 것이 축복인 공동체 속에 있다는 것만으로 우리는 이미 놀라운 기적을 경험하고 있는 것은 아닐까요?

오늘도 누군가의 삶에 기적이 깃들기를 꿈꿉니다. 우리를 향하신 하나님의 따스한 마음, 그 마음이 깃든 그분의 "울지 마라!"라는 음성이 놀라운 위로와 기적이 되기를 바랍니다.

The Island Garden (1892)
Childe Hassam

어려움 속에서라야 도움을 구합니다

저희 가족이 한자리에 모일 때면 늘 부르던 찬송이 있습니다.

"지금까지 지내온 것 주의 크신 은혜라
한이 없는 주의 사랑 어찌 이루 말하랴"

늘 생각해 봐도 하나님의 은혜가 크죠.

종종 우리가 꿈꾸는 것이 있습니다. 하나님의 일을 하면 모든 환경이 조성되고, 건강도 지켜 주시고, 물질도 허락하시리라 하는 기대입니다. 그런데 실상 하나님의 일을 하려고 하면 돕는 자보다 끌어내리려는 자들이 많은 듯하고, 건강도 물질도 뒷받침해 주지 않는 듯합니다.

우리가 하나님의 도우심을 구하는 때는 바로 그런 어려움 속에서입니다. 도우심의 돌, 에벤에셀의 역사 또한 이스라엘이 수치를 당하던 때 일어났습니다. 하나님의 법궤를 빼앗기고 블레셋 사람들에게 하나님의 이름이 조롱당하던 때, 미스바에 모여 회개하며 기도할 때 하나님은 도움의 돌을 준비하고 계셨습니다. 우리의 약함이야말로 하나님의 도우심을 경험하는 때인 듯합니다.

한국 교회를 보며 생각합니다. 그 어느 때보다 하나님의 이름이 조롱을 받고 있습니다. 마치 하나님의 법궤를 빼앗기고 수치를 당하던 이스라엘처럼, 덩그러니 건물만 남아 있고 하나님의 영광이 교회를 떠난 듯합니다. 우리가 알아야 하는 것은, 하나님의 영광이 존재하지 않는 것이 아니라 단지 교회에서 나타나지 않을 뿐이라는 사실입니다. 이제 하나님의 도우심을 기대할 때입니다. 하나님이 새롭게 일하실 것이기 때문입니다.

한번은 그런 일이 있었습니다. 좀처럼 그런 실수를 하지 않는데, 새벽예배를 위해 맞춰 둔 알람이 울리지 않았습니다. 일어나 확인해 보니 오전을 오후로 바꿔 놓았더군요. 다행인 것은 도움의 손길이 있었습니다. 새벽 3시 40분 쯤 우리 집 개 흰둥이가 제 발을 간지럽혔습니다. 한 번도 그런 일이 없었는데, 일어나 보고 깜짝 놀랐습니다. 고놈 참 신통해서 한 번 안아 주고 예배당으로 내려갔습니다.

오늘 하루를 살아가며 생각지도 않았던 작은 도움의

돌이 삶 속에 세워지게 될 것입니다. 하나님의 영광이 떠나 버린 수치스러운 현장이 미스바가 될 것입니다. 그 자리에 하나님의 영광이 회복될 것입니다. 우리 삶의 모든 질곡 가운데 함께하신 하나님을 고백하는 사람이 최후의 승리자입니다.

배려하는 마음이면 충분합니다

신학교를 다니던 시절 '밥상 공동체'라는 말을 참 많이 썼습니다. 함께 밥 먹을 수 있는 관계만큼 소중한 것이 없다고, 그래서 종종 '목회'라는 단어를 '먹회'로 대신하기도 했습니다.

저의 첫 목회지는 강원도 영월에서도 한 시간쯤 상동과 태백 쪽으로 들어가는, 하루에 버스가 두 번쯤 서는 곳이었습니다. 교인도 별로 없었지만, 심방을 가려면 몇 시간을 걸어야 하는 곳도 있었습니다.

그 시절 잊을 수 없는 심방 음식 두 가지가 있습니다. 하나는 박카스입니다. 한 성도가 박카스 두 병을 컵 하나에 가득 따라 주었는데, 처음엔 그 노란색 액체가 뭔지 몰라 망설이다 마셨던 기억이 있습니다. 또 하나는 만둣국입니다. 누가 봐도 수제로 만든 만두였는데, 밀가루 냄새 가득 나는 만두피에 김치만 썰어 만든 속이 들었습니다. 사실은 정말 맛이 없었지만 그 음식을 내준 성도가 "전도사님은 서울에서 오셔서 이런 음식 못드시죠?" 하는 말에 얼른 먹었더니, 맛있느냐며 한 그릇 더 떠 주어서 난처했던 기억이 납니다.

함께 밥 먹을 수 있는 관계가 만들어지면 좋은 공동체가 되는 듯합니다. 그런데 밥상 공동체를 이룬다는 것은 참 어려운 일이죠. 누군가와 같이 밥 먹는 일이 생각보다 쉽지 않습니다. 메뉴 선택부터 말이죠. 그래서 이 아름다운 공동체를 이루기 위한 몇 가지 관계 설정이 필요하다고 생각합니다. 첫째, 남을 배려하는 마음이 있어야 합니다. 둘째, 하나의 음식을 나누어 먹을 수 있어야 합니다. 셋째, 서로를 편안하게 여길 수 있어야 합니다. 넷째, 나를 희생할 수 있어야 합니다.

지인과 식사 약속을 한다고 해봅시다. 식당을 정하는 단계에서부터 포기와 선택이 공존합니다. 누군가는 참아 주어야 합니다. 어찌저찌 식당을 정해 들어갔습니다. 이제 메뉴를 정해야 합니다. 그런데 우리는 늘 무엇을 경험합니까? 짜장면을 고르면 짬뽕이 서운하고, 파스타를 고르면 피자가 서운합니다. 그런데 만약 같이 간 사람이 "우리 짜장 하나 짬뽕 하나 시켜서 나눠 먹을까요?" 하면 그 소리가 참 반갑습니다. 이렇게 두 가지 메뉴를 각각 시켜서 나누어 먹을 수 있으면 좋은 밥상 공동체가 될 수 있습니다. 함께하는 즐거움을 위해 개인의 유희를 포기하는 사람. 그런 사람이 되어야 밥상 공동체의 일원이 될 수 있습니다.

그래서 저는 이 밥상 공동체야말로 가장 신앙적인 공동체라고 생각합니다. 초대교회는 한 떡에 참여하는 것을 정말 소중하게 여겼다고 합니다. 교인들이 많아지고 서로 떨어져서 예배를 드려야만 했을 때는 예수님의 몸인 떡을 조각내어 다른 공동체의 떡에 섞어서 나눌 정도였답니다. 함께하지 못해도 주님의 같은 몸에 참여하는 공동체임을 잊지 않기 위해서 말이죠.

만나교회 교인들과 '은사 발견 성경공부'를 여러 해 했습니다. 마지막 시간이 되면 모두 함께 식사를 하곤 했죠. 원칙이 있었습니다. 모두가 음식을 한 가지씩 해오는 것입니다. 그런데 누구와도 의논하지 말아야 합니다. 다만 공동체의 지체들을 배려하는 마음을 담는 것입니다. 참 신기하게도 누구 하나 의논하지 않는데도 밥을 해오는 사람, 국을 해오는 사람, 수저와 나무젓가락을 가져오는 사람, 냅킨을 가져오는 사람, 음료수를 가져오는 사람까지 있어 깜짝 놀라곤 했습니다. 굳이 의논하지 않아도 서로를 배려하면 이렇게 아름다운 밥상 공동체를 이룰 수 있습니다.

우리 멋진 밥상 공동체를 만들어 보면 어떨까요? 굳이 멋지기 위해 애쓰지 않아도 됩니다. 누군가를 배려하는 마음이면 충분합니다. 나를 포기하고 희생하려는 노력 위해 주님 마음이 깃들 것이라 믿습니다.

East Course, Maidstone Club (1926)
Childe Hassam

4

흐르듯 살게 하시니
감사합니다

그런 날도 있는 겁니다 _____

오래전, 일정이 꽤 빡빡하던 어느 날이었습니다. 2시간 강의를 위해 7시간을 기차로 왕복해야 했죠. 그래도 다 내가 자처한 일이라 생각하고 '피할 수 없는 일이라면 즐기자!'는 말을 주문 외듯 중얼거리며 걸음을 뗐습니다.

용산역에서 기차를 타고 가면서부터 기분이 좋지 않았습니다. 기차 안에서 할 일을 듬뿍 안고 탔는데 옆에서 계속 큰 목소리로 전화하는 사람 때문에 말입니다. 마침 속도 불편했습니다. 화장실에 갔습니다. 문 앞에서 한참 기다려야 했습니다. 안에 있는 사람은 전화로 누구와 싸우는지 큰소리가 밖에까지 들립니다. 나올 기미가 보이지 않습니다. 다른 칸 화장실도 마찬가지로 만원입니다.

결정적 사건은 돌아가는 기차 안에서 벌어졌습니다. 기차에 타자마자 성경부터 펴 놓고 설교 원고를 읽다가 기분 전환도 좀 할 겸 유튜브를 켰습니다. 평소 좋아하던 프로그램인 개그콘서트를 검색해서 코너 하나를 골라 시청하기 시작했죠. 출연자들의 말이 너무 빨라 알아듣기 어렵고 배경음악 소리도 크고 해서 볼륨을 최대치로 높였습니다. 당연히 귀에 이

어폰을 끼고 말입니다. 그런데 앞에 앉은 신사 분이 저를 툭툭 치더군요.

"일부러 그러시나요?"

영문을 몰라 쳐다보았습니다. 그런데 어찌 그런 일이! 분명 이어폰을 끼고 있었는데 휴대전화 소리가 밖으로 다 노출되고 있었습니다. 거기다가 볼륨도 최대치로 높인 상태에서 말이죠. 기차 내에 사람도 많지 않아서 조용했는데, 영상의 소리가 얼마나 컸을지 생각만으로도 아찔했습니다. 그제야 저를 바라보는 사람들의 따가운 눈빛을 읽을 수 있었습니다.

문득 이곳에 처음 오던 길이 떠올랐습니다. 다른 사람 전화 받는 소리에도 못마땅한 눈치를 주고, 화장실에 들어간 사람이 나올 생각을 않는다며 툴툴거렸던 내 모습이요.

누군가에게 손가락질한 방향이 언제든 나를 향할 수 있겠다는 생각이 듭니다. 그리고 나를 향한 비난은 내 의도와 상관없이 찾아올 수 있습니다. 그래도 아침은 또 찾아오고, 새로운 날은 시작됩니다. 그것이 삶이지요.

그러니 오늘 내게 닥친 사소한 불편을 조목조목 따져 가며 타인을 손가락질할 필요가 있을까요? 오늘의 실수 때문에 땅을 파고 들어앉을 필요가 있을까요? 그저 그런 날도 있는 것이라 생각하면 마음이 한결 가벼워질 것입니다. 차라리 그 불편 사이에 숨어 있는 감사할 거리를 찾아보면 어떨까요?

그저 그런 날도 있는 겁니다.
그게 인생인 듯합니다.

상위 10퍼센트가 되어 봅시다 _____

세상이 참 힘들고 삭막합니다. 따뜻한 말 한마디, 따뜻한 생각 하나쯤 필요하겠다는 생각에 글을 써 봅니다. 새벽 일찍 이런 마음이 찾아왔습니다.

'오늘을 시작하는 누군가에게 감사의 마음이 든다면 당신은 상위 10퍼센트에 속하는 사람입니다.'

이 마음의 근거는 누가복음 17장에서 예수님이 열 명의 나병환자를 고치신 기적적인 사건에 있습니다. 열 명이 고침을 받았지만 한 명만이 주님께 나와 감사를 표현한 것이죠. 나머지 아홉 명에게 왜 감사한 마음이 없었겠습니까? 하지만 그들에게는 감사보다 더 중요한 일이 있었던 것 같습니다. 자랑이죠. 자신에게 일어난 이 놀라운 일을 사람들에게 알리고 싶은 마음이요. 그런데 자랑하고 난 후에 이 사람들이 예수님을 찾아왔다는 기록이 없는 것으로 보아, 감사의 마음이 사라졌든지 감사를 전할 기회를 놓친 것 같습니다.

감사는 '우리에게 무슨 일이 일어났느냐?'가 아니라, '우리에게 일어난 일에 대하여 어떻게 반응하느냐?'의 문제라는 생각이 듭니다. 중요한 것은 아홉 명은 몸이 치유됨으로 끝났지만, 예수님을 찾아와 감사한 한 사람은 '믿음으로 구원을 받았다'는 선언을 듣습니다.

그러고 보니 감사는 믿음과 관계가 있고 구원과도 연관성이 있는 듯합니다. 조금 더 논리를 만든다면, 감사는 구원받은 자의 믿음으로 표현되는 삶의 방식이 아닐까요? 다른 표현을 한다면, 구원받은 자가 누리는 영혼의 만족은 감사를 통해 나타나는 것이 아닐까요?

지금 한국 사회는 감사라는 말을 찾기 참 힘든 때를 지나가고 있습니다. 그럼에도 우리가 찾아야 할 감사가 있습니다. 이미 우리가 경험하고 누리고 있는 많은 것들 가운데 하나님의 손길이 있는데 말입니다. 감사하는 순간 우리의 삶이 상위 10퍼센트에 속한다는 것이 참 귀하지 않나요?

우리의 삶을 가만히 보면, 고마운 것들에 대하여 참 쉽게 익숙해지는 것 같습니다. 그 익숙함이 우리를 당연함으로 인도합니다. 하지만 무엇인가 당연하다고 여기는 순간 고마움이 사라집니다. 고마움이 사라지면 더 채워지지 않은 것에 대하여 불평이 시작됩니다. 감사를 잃어버리면 거기에서 끝나는 것이 아니라 감사의 자리를 불평과 불만이 대신합니다.

감사는 지나온 우리의 삶에서 하나님의 손길을 고백하는 것입니다. 그래서 감사하는 사람은 삶에서 역사하실 하나님의 섭리를 기대합니다.

감사의 영역에서 상위 10퍼센트쯤 되면
괜찮은 인생이 아닐까요?

교만한 지성보다는 겸손한 마음을

신학대학을 다니던 시절입니다. 그때는 학교에 매캐한 최루탄 냄새가 끊이지 않았습니다. 신학생을 포함한 대학생들은 나라를 염려하는 마음으로 정치 소식에 참 민감했던 것 같습니다. 눈앞에서 학우들이 매를 맞거나 잡혀가는 일들은 이념의 문제를 떠나 한 시대의 아픔이었죠.

당시 거의 모든 학생이 그랬던 것처럼 저 역시 학교를 다니며 데모도 해보고 학내 문제로 한 주간 단식 투쟁을 한 경험이 있지요. 하지만 저 개인적으로는 소위 '운동권'과 멀어지게 된 계기가 있습니다.

저만의 생각인지 모르겠지만, 당시에는 대학생들 사이에서 마치 술과 담배, 그리고 조금은 공격적인 말들과 투쟁의 언어들을 내뱉는 걸 민주화 운동을 대변하는 것처럼 여겼던 것 같습니다. 어둑한 곳에서 술을 마시고 담배를 태우며 염세적 사고를 하고 토론하지 않으면 깨어 있지 않은 것 같다고 여긴다든지, 도서관에서 공부하고 있으면 현실에 참여하지 않고 나라를 생각하지 않는 이기적인 젊은이로 매도하는 인식도 있었습니다. 술과 담배를 하지 않아도 얼마든지 깨어 있는 지성이 있듯이, 데모를 하지 않아도 학문을 가지고 기여할 수 있는 일들이 얼마든지 있을 텐데 말입니다.

또 하나의 경험입니다. 어떤 보수적인 교단의 목사님을 만났습니다. 분당의 한 식당에서 함께 식사를 했는데, 그 자리에서 아무 거리낌 없이 맥주와 와인을 주문하는 목사님의 모습이 저를 조금 당황스럽게 만들었습니다. 맥주와 와인이 누군가의 신앙을 대변하는 것은 아니지만, 근처에서 목회하는 저에게 그리고 저를 보는 사람들이 얼마든지 다닐 수 있는 곳에서 이런 행동을 하는 게 상대에 대한 배려가 부족한 것처럼 보였습니다. 당혹스러워하는 저를 향해 그분은 '뭐 이런 게 문제가 된다고' 하는 눈빛을 보냈습니다. 물론 그걸 먹고 안 먹고는 별로 중요하지 않지만, 배려의 문제 아니었을까요?

내가 가지고 있는 신념과 지식을 내세우는 것이 잘못된 것은 아닙니다. 하지만 상대방을 존중하지 않는 것은 독선과 교만일 수 있습니다.

요즘처럼 지적 교만이 팽배한 때가 없는 듯합니다. 누구든지 자신의 지적 교만을 펼칠 수 있는 장이 있기 때문인 듯하고요. 바로 저도 그중에 한 사람이고, 또 SNS가 그 중요한 수단이지요.

하지만 우리가 늘 경계해야 할 것이 있습니다. 혹 자신의 익숙함을 지성이라 착각하는 것은 아닌지, 그래서 자신과 익숙하지 않은 것들을 모두 반지성이라고 생각하는 것은 아닌지 말이죠. 이러한 반지성적 행동은 때로 자신의 지성을 자랑하려는 교만의 모습은 아닌지 생각해 볼 필요가 있을 듯합니다.

지성보다 더 소중한 것은 존중과 겸손한 마음입니다. 누군가의 잘못을 지적할 때, 그 지적이 자신의 지식을 자랑하는 것인지 상대방을 위한 것인지는 자신만 모를 뿐 모두에게 드러납니다. 그래서 누군가에게 조언하고 싶을 때는 조금 더 생각하고 상대방을 배려하는 마음이 필요할 듯합니다. 지식의 교만으로 인해 누군가에게 상처를 주지 않도록 말이죠.

생긴 대로 살기(a.k.a. 부르신 곳에서) _____

사람들이 살아가는 방법에는 두 가지 경향이 있는 것 같습니다. 하나는 상대방이 나와 같지 않은 것을 참지 못하고 나같이 되기를 요구하는 것이고, 다른 하나는 내가 가지지 못한 것을 가진 상대방을 부러워하는 것이지요.

신앙에 있어서도 동일한 것 같습니다. 나와 같은 신앙을 가지지 못한 사람들을 바라보며 비난하거나, 나와 같은 신앙의 길을 가도록 인도하는 것을 전도라고 착각하는 경우지요. 그래서 굳이 다른 교회에 다니는 사람을 자기 교회로 인도하려는 사람들이 있습니다. 또한 신앙생활을 잘하고 있는데도 나와 같지 않다는 이유만으로 비난하기도 하지요.

어느 날 거리를 가다가 참 인상적이기도 하고, 조금은 불쾌한 광고 문구가 붙어 있는 것을 보았습니다.

"우리 목사님 설교 한번 들어 보세요!"

아무리 생각해도 개인이 붙여 놓은 것 같지는 않고, 교회에서 전도의 전략으로 붙여 놓았던 것 같은데 말입니다. 그 교회에서는 전도라고 생각했을지 모르지만 실상은 교회 홍보지요.

사도 바울이 복음을 전하던 때, 가장 심각한 문제 중에 하나가 유대인으로서 먼저 예수님을 영접한 사람들이 이방인들을 보는 태도였습니다. 유대의 전통을 가지지 않은 사람들이 예수를 믿는데 자신들과는 조금 달랐던 모양입니다. 그래서 유대인의 방식으로 예수를 믿었으면 하고 바랐던 것이죠. 좋게 말해서 바람이지 사실은 독선입니다.

고린도전서 7장 18-24절에서 사도 바울은 사람들에게 이렇게 말합니다.

"하나님께 부르심을 받을 때 여러분이 유대인이었습니까? 그렇다면 유대인이라는 증거를 없애려고 하지 마십시오. 하나님의 부르심을 받을 때 여러분이 이방인이었습니까? 그렇다면 유대인이 되려고 하지 마십시오. 유대인인지의 여부가 중요한 것이 아닙니다. 정말 중요한 것은, 하나님의 부르심에 순종하고 그분의 계명을 지키는 것입니다.
종이든 자유인이든 간에, 한때 여러분 모두는 죄악된 사회에 볼모로 잡혀 있었습니다. 그때 하나님께서 여러분의 몸값으로 어마어마한 금액을 치르셨습니다. 그러니 여러분은 다른 사람이 시키는 대로 행하던 옛 습관으로 돌아가지 마십시오. 친구 여러분, 여러분이 부름받았던 그 자리에 머무르십시오. 하나님께서 그 자리에 함께 계십니다. 고상한 자세를 견지하고 하나님 곁에 머무르십시오." (유진피터슨, 《메시지》, 복있는사람)

또한, 누군가를 부러워하는 것은 바람직한 신앙의 태도가 아닌 것 같습니다. '닮아감'과 '부러워함'을 잘 구별해야 합니다. 신앙에 있어서 내가 닮아갈 사람이 있다는 것은 참 큰 축복입니다. 하지만 부러워하는 것이 지나쳐 시기하는 마음이 들기 시작하면 재앙입니다.

사도 바울에게도 늘 약점이 따랐습니다. 사도라 불릴 수 없었다는 것이죠. 예수님의 열두 제자에 속하지 않았던 것이 복음을 전하는 데 약점이라고 생각했을지 모릅니다. 하지만 하나님은 처음부터 예수님을 따라다녔던 제자들보다 예수님을 핍박하던 사울을 바울로 부르셔서 더 크게 쓰셨습니다.

언젠가 그런 생각을 했습니다. 베드로가 사역할 때 무엇이 그의 가장 큰 강점이 되었을까요? 아마도 그가 예수님을 세 번씩이나 부인했던 때의 기억일 것입니다. 그 경험이 그의 간증이 되었을 것입니다. 가는 곳마다 "나도 예수님을 세 번씩이나 부인했어요!"라고 말할 때, 연약한 사람들이 참 많은 위로를 받았을 것입니다. 만약 바울이 그런 베드로를 부러워만 했다면 그에게 그토록 큰 사역이 맡겨졌겠습니까?

이런 말이 있지요? 부러워하면 지는 것이라고. 하나님이 우리를 부르신 것은 다른 누구와 비교해서 뭘 특별히 가지지 않았기 때문이 아닙니다. 특별히 누구보다 덜 잘나서가 아닙니다. 누구에게도 없는 나만의 특별성 때문에 나를 부르신 것입니다.

내가 가진 것을 자랑하고, 누군가 가진 것을 축복하며 보내는 오늘이 된다면 참 좋겠습니다.

The Garden in Its Glory (1892)
Childe Hassam

추억할 거리가 있으니 얼마나 좋습니까 ____

미국에서 유학하던 때 이야기입니다.

미국에서는 흔한, 그러나 한국에선 좀처럼 경험할 수 없는 것이 장시간 운전일 것입니다. 그 시절 우리 가족이 타던 차는 배기량 5,000cc에 8기통짜리 덩치 큰 차였습니다. 당시 미국처럼 기름값이 싼 나라에서는 덩치가 크고 값이 싼 중고차가 유학생들에게 제격이었습니다. 유학생들은 대개 그렇게 큰 차를 중고로 사서 타곤 했지요.

우리 아이들은 그 차를 특별히 좋아했습니다. 장거리 운전을 해야 할 때면 뒤에 이불을 깔고 자면서 갈 수도 있었으니까요. 한 가지 흠이 있다면 엔진 오일이 샌다는 것이죠. 그래서 주유를 하면서 오일도 한 번씩 부어 줍니다. 운전하다 보면 종종 엔진 앞쪽에서 하얀 연기가 피어오르기도 했죠. 그 연기를 보며 좋아하던 아이들이 생각나네요.

"아빠 우리 차는 달리면 연기가 나요!"
"그래 우리 차는 특별하단다."

유학을 마치며 한국에 나올 때 그 차는 또 다른 아이

에게 기쁨을 주는 차로 증여가 되었습니다.

당시는 참 어려운 일들도 많았습니다. 부모의 원조를 받는 친구들과 달리 저는 재정 문제까지 혼자 해결해야 했죠. 거기다 처자식까지 함께 왔으니 가장 노릇까지 톡톡히 해내야 했습니다. 무엇보다 수업 시간에 영어 때문에 얼마나 힘들었는지 모릅니다.

그런데 지금은 학교 행사에도 초청을 받고, 그곳에서 공부하는 한인 학생들과 총장 부부에게 식사도 대접할 수 있게 되었습니다. 당시는 내가 교수들의 영어를 알아들으려고 무척 고생했는데, 이제는 미국 교수들이 제가 하는 영어를 알아들으려고 무척 애를 씁니다. 오래 살고 볼 일입니다.

그러고 보면 우리가 살면서 코앞에 일만 보면 소망도 없고 불평만 튀어나올지도 모릅니다. 아니면 교만을 떨게 될지도 모르죠. 그런데 10년, 20년… 길게 놓고 본다면 한 순간도 교만에 빠져서는 안 되겠다는 생각이 듭니다. 사실 지금 불평하고 있는 이 시간이 수십 년 후에는 내 삶에 짙은 자양분이 될지도 모르니까요. 혹은 자녀들과 웃으며 나누는 추억 한 스

푼이 될 수도 있습니다.

그러니 일희일비할 것 뭐 있겠습니까?
사람 일 아무도 모르는 겁니다.

주책스러워도 괜찮아 _____

목회를 하다 보면 결혼식도, 장례식도 참 많이 참석하게 됩니다. 탄생을 축하하고 죽음을 애도해야 할 일이 수시로 일어나지요. 그러다 보니 인생이란 무엇인가 묵상하게 되는 일이 많습니다.

기억에 많이 남는 분이 계십니다. 주일 예배에서 대표기도를 하실 때면 "초등학교도 못 나온 내가 만나교회 장로가 된 것이 하나님의 은혜"라고 고백하시던 장로님입니다. 특유의 주책스러움 덕에 교인들의 관심을 한몸에 받기도 했던 분입니다. 그렇게 즐겁게, 하고 싶은 이야기 다 하고 사는 분에게 왜 암이라는 놈이 찾아왔는지. 몇 번의 수술과 치료 과정이 반복되었고, 마지막에는 폐와 뇌까지 암이 전이되면서 결국 주님 곁으로 떠나셨습니다.

그분의 환송예배를 준비하며 제 마음에 떠오르는 한 문장이 있었습니다.

"주책스러워도 괜찮아! 내 마음이 참 기쁘다!"

이 말이 하나님의 마음이라는 생각이 들었습니다.

장로님은 늘 천국 소망을 이야기했고, 호스피스에서도 열심히 봉사하셨습니다. 늘 천국을 사모하셨기에, 투병하면서는 빨리 하나님 품에 가고 싶다고 말씀하셨습니다. 그렇다고 이 땅에서 싸워야 할 싸움을 포기하시지는 않았습니다. 장로님이 귀한 것은, 천국 소망 때문에 삶을 소홀히 하지 않고 열심히 싸우셨다는 사실입니다.

우리가 종종 천국 소망을 착각할 때가 있는 듯합니다. 천국 소망이 있다는 것은 이 세상에서 주어진 우리의 삶을 결코 가볍게 여겨도 된다는 뜻이 아닙니다.

새벽에 히브리서 11장을 묵상하며 또다시 깨닫는 것이 있습니다. 믿음으로 산 사람들의 위대함은 그들이 얻은 유업이 있기 때문이 아니요, 치열하게 끝까지 믿음의 삶을 살았기 때문입니다. 믿음의 삶은 우리가 아주 똑똑하거나, 완전하거나, 인생의 성공자가 될 수 있다는 것이 아닙니다. 하나님은 그저 믿음으로 끝까지 산 사람을 받으십니다.

미국에서 사역하는 김영봉 목사님의 책, 《사람은 가도 사랑은 남는다》에 이런 대목이 있습니다.

"하나님 나라를 믿고 그 나라의 영원한 행복을 진실로 믿는다면, 때가 되었다 싶을 때 기쁘게 떠나는 것이 맞습니다. 하지만 하나님이 허락하신 생명을 다 채울 때까지는 우리에게 주신 생명에 최선을 다하는 것이 맞습니다. 우리의 생애는 하나님이 허락하신 가장 귀한 선물 중 하나입니다. 생명을 포기하거나 소홀히 대하는 것은 그것을 선물로 주신 분에게 도로 집어던지는 것과 다르지 않습니다."

나에게 주어진 생명에 감사하며,
오늘 하루를 기쁨으로 보낼 수 있기를 바랍니다.

The Little Pond, Appledore (1890)
Childe Hassam

아버지가 뿌리신 헌신의 열매를 누립니다 ___

미국 집회 중 알래스카의 한 교회를 방문했습니다. 그곳에서 한인들을 위한 도서관 "파구스"를 열며 기념 예배를 드렸습니다. 그리 많지 않은 교인들과 창고를 개조한 건물에서 예배를 드렸습니다. 담임목사가 예배를 인도하고, 사모님이 피아노 반주를 하고, 큰아들이 드럼을 칩니다. 둘째 아들은 베이스 기타를 연주하고 막내아들은 이리저리 돌아다니네요.

32년 전 돌아가신 아버지가 우리 사남매를 데리고 교회 본당으로 가셨던 날이 떠오릅니다.

"내 평생 개척을 꼭 한번 하고 싶은데 밤새 온 가족이 기도하고 결정하자!"

밤새 기도하고 받은 응답은 온 가족이 함께 개척하자는 것이었습니다. 우리 사남매는 아버지를 도와 열심히 헌신하겠다고 결심했죠.

여러 가지 우여곡절 끝에 만나교회의 첫 예배는 잠실 벌판에서, 노무자들을 위해 밥해 주는 천막을 빌려서 드렸습니다. 성가대를 세웠는데, 우리 사남매가 각 파트 솔리스트가 되었습니다. 분명히 밝혀 둘

것은, 성가대원이 네 명뿐이었던 건 아닙니다. 우리는 제법 노래를 잘했습니다.

그렇게 시작한 만나교회가 분당으로 이사했습니다. 건축을 마칠 무렵 IMF가 닥쳤고, 모든 교인을 지치게 했습니다. 당시 저는 유학 중이었는데, 탈진한 아버지를 돕기 위해 한국으로 돌아와야 했습니다.

큰 건물을 짓고 빚에 허덕이던 아버지는 못내 힘들고 죄스러워 강단에서 많이 우셨습니다. 어느날 강단에서 그런 말씀을 하셨던 기억이 납니다.

"새벽예배를 마치고 눈물을 흘리며 기도하는데 하나님이 이렇게 말씀하시더군요. '김 목사야! 버스가 종점에서 출발할 때 꽉 차서 가더냐? 가다 보면 찬다.'"

그 말에 위로받고 목회하던 아버지는 어느 날 뇌경색으로 쓰러지셨습니다. 시간이 지나 뇌경색은 회복되었지만 빚을 다 갚지도 못했고, 성전에 교인들이 다 차는 것도 보지 못하고 돌아가셨습니다.

'왜 그렇게 무리하셨을까?' 당시 젊은 목회자였던 저는 그렇게 무리해서 교회를 건축한 아버지가 이해되지 않았습니다. 그렇게 돌아가신 아버지가 안타까웠습니다. 그런데 아버지를 이해하기는커녕 불평하던 제가 아버지가 심으신 헌신의 열매를 누리고 있습니다. 아니, 함께 눈물을 흘리고 기도했던 만나교회 1세대의 헌신으로 아름다운 교회에서 살아가고 있습니다.

저는 지금 교회 건물이나 규모 혹은 부흥을 이야기하는 것이 아닙니다. 우리가 누리는 것, 우리가 감사하는 것들이 누군가의 헌신이 있었기에 가능하다는 뜻이죠.

누군가 아버지 어머니들의 눈물과 헌신을 이야기할 수 있게 된다면 좋겠습니다. 우리의 아버지와 어머니들이 과거에 믿음으로 보았던 것을 우리가 지금 보고 누리고 있는 것이라고 말입니다.

끌려다니지 말고 행복합시다 _____

지금까지 참 많은 곳에서 설교와 강연, 세미나 등을 진행했던 것 같습니다. 대부분 좋은 추억과 귀감을 얻고 돌아오지만, 간혹 '다시는 오고 싶지 않다!'라고 생각되는 곳이 있습니다. 이것은 사명과는 상관이 없고, 그날의 분위기가 한몫을 단단히 합니다.

몇 곳을 꼽자면, 첫째는 예비군 훈련장에서의 교육, 둘째는 대학교와 중고등학교 채플 설교, 셋째는 군대에서 하는 종교 안보 강연 등입니다.

이 셋의 공통점은 무엇일까요? 회중이 자기 의사와 상관 없이 끌려왔다는 것이죠. 이런 상황에서 설교든 강연이든 하게 될 때는 준비된 원고를 가지고 해 본 적이 없습니다. '어떻게 하면 졸지 않도록 할까?' 하는 생각으로 고군분투하는 싸움의 현장입니다. 그런데 돌이켜보면 본질적으로는 제게 문제가 있었던 것 같습니다. 저 역시 이런 상황에 자발적으로 가기보다는 관계나 상황 등에 의해 어쩔 수 없이 가게 되었기 때문입니다.

지금 이 자리에 어쩔 수 없이 끌려왔는가, 혹은 자발적으로 왔는가의 차이는 사소해 보이지만 우리 삶을 결정짓는 정말 중요한 요소인 것 같습니다.

한번은 어린 시절을 함께 보낸 참 보고 싶었던 사람이 공군사관학교를 나와 장군이 되었다는 소식을 들었습니다. 그가 근무하고 있는 부대를 방문했습니다. 어려웠던 어린 시절을 기억하기에 그가 그렇게 훌륭한 사람으로 인정받는다는 것이 너무나 기뻤습니다. 거기다 그가 새벽마다 기도하며 부대를 이끄는 신앙인이라는 군목의 이야기를 들으며 더욱 감사했습니다.

감사하게도 그곳에서 부대원들을 위한 종교 안보 강연을 하게 됐습니다. 공군 부대 병사들을 위한 강연은 처음이었습니다. 그런데 군대 분위기가 지금까지와는 조금 다르게 느껴졌습니다. 물론 조는 형제들이 많았지만, 그럼에도 강연을 하는 내내 '이렇게 분위기가 좋을 수 있을까?'라는 생각이 들었습니다. '내가 알던 우리나라 군대가 아냐!'라는 생각이 들 정도였습니다.

차이가 무엇일까요? 알고 보니 공군은 막연히 끌려가는 곳이 아니었습니다. 지원해도 가기가 그리 쉽지가 않은 곳이고, 참 많은 경쟁을 거쳐야 한다더군요. 그래서가 아닐까요? 내 삶, 지금 이 순간을 내 힘으로 선택했다는 사실은 그 시간을 보내는 마음가짐에 큰 차이를 가져옵니다.

지금 내 삶, 내가 처한 시간이 자발적 선택입니까, 아니면 어쩔 수 없는 이끌림입니까? 흔히 우리는 억지로 살아가는 사람에게 예수님의 십자가를 대신 졌던 구레네 사람 시몬 이야기를 합니다. 그가 억지로 십자가를 졌지만 나중에 그의 가정이 다 구원받고 쓰임 받는 가정이 되었노라고. 하지만 억지로 십자가를 지면 그 순간을 감사하거나 즐거워할 수 없습니다. 가장 행복한 사람은 지금을 즐거워하는 자가 아닐까요?

인생을 살아갈 때 어쩔 수 없는 부분을 점점 줄여 나가고 기꺼이 선택하는 부분들을 늘려 보면 좋겠습니다. 누군가에 의해 끌려가는 삶보다는 자발적, 능동적으로 선택하는 삶을 사는 것입니다. 여기서 주의해야 할 것이 있습니다. '무엇을 하지 말아야 한다'라는 선택은 우리 삶을 무척 고단하게 만든다는 사실입니다.

제가 잘 쓰는 표현입니다.

"무엇이 내 심장을 뛰게 만드는가?"
"무엇이 내 삶을 흥분시키는가?"

그런 일을 오늘 함께해 봅시다.
선택이 오늘의 삶을 좌우합니다.

Trees by a Lake (1910)

Childe Hassam

5

여전히 희망을 보게 하시니
감사합니다

실패의 다른 말은 배움입니다 _____

_____

_____

_____

사람들은 종종 인생을 성공과 실패라는 시각에서 봅니다. 하지만 성공이 우리가 이룬 무엇을 의미한다면 실패는 우리가 무언가를 배웠다는 것이죠.

창립 30주년 예배를 드릴 때였습니다. 참 열심히 목회했다고 생각했는데 갑자기 실패했다는 좌절감이 밀려왔죠. 아직도 변하지 않은 것들, 변하지 않은 사람들이 저를 좌절하게 했습니다. 그래서 설교하다 울었던 기억이 있습니다.

그때 그런 마음의 음성을 들었습니다.

"아직 끝나지 않았잖아!"

좌절이 희망으로 바뀌는 순간이었습니다. 다시 가슴이 뛰기 시작했습니다. 실패했다는 마음은 목회를 뭔가 잘못 생각했던 때문에 들었던 듯합니다. 주님은 우리를 사람 낚는 어부로 부르셨는데, 저는 수족관을 관리하듯 그렇게 어장 관리를 했던 것 같습니다.

그러고 보면 예수님은 참 절망적으로 보이던 제자들을 포기하지 않으셨습니다. 예수님의 죽음만 보고

다 끝났다 생각하면서 옛 생활로 돌아가 있던 제자들을 갈릴리 해변에서 다시 만나 주십니다. 그리고 "내 양을 돌보라"는 사명까지 주십니다. 그리고 모든 것을 제자들에게 맡긴 채 승천하십니다. 놀랍게도 절망적으로 보였던 제자들이 세상을 뒤집어 놓기 시작했습니다. 사람들이 들어 보지 못했던 초대교회 공동체를 만들었습니다.

그렇습니다. 제자들은 실패한 것이 아니라 여전히 배워 가고 있었을 뿐입니다. 배울 것이 있는 사람은 아직 끝난 것이 아닙니다.

우리 인생에서 모두 끝나 버린 것 같은 순간에 깨닫는 것이 있습니다.

"지금까지 참 많이 배웠습니다."

한국 교회를 봅니다. 서로 다투는 사람들을 보며 소망이 없다고 생각한 적이 있습니다. 부끄러움을 잃어버렸다는 생각 때문이었죠. 하나님 앞에서, 세상 앞에서 더 이상 부끄러하지 않는 사람들의 모습을 보며 갈 때까지 갔다고 생각했는데, 아직 끝나지 않은 모양입니다.

참 많이 배웠습니다! 그러나 매일 배우려고 실패를 습관처럼 반복한다면 가장 비생산적인 인생이 되지 않겠습니까?

좌절할 필요는 없지만 실패가 습관이 되지 않기를, 아직 끝나지 않았다는 것이 삶의 유예가 아니라 가슴 뛰는 시작이 되기를 바라봅니다.

Parc Monceaux, Paris (circa 1888-89)
Childe Hassam

자리를 지키는 사람과 뺏기는 사람

열두 제자를 묵상하다 보면 예수님은 참 다양한 사람을 부르셔서 다양하게 사용하셨다는 생각이 듭니다.

열두 제자 중에 처음으로 죽음이 기록된 사람은 가룟 유다입니다. 그는 자살로 인생을 마감했고 그의 빈자리를 맛디아가 채웁니다. 예수님의 제자 중에 첫 순교자는 야고보입니다. 그가 죽은 뒤엔 아무도 그의 자리를 채우지 않았습니다. 그는 죽음으로 자신의 자리를 지켰습니다.

세상에도 두 종류 사람이 있습니다. 자리를 뺏기는 사람과 지키는 사람입니다. 죽음도 똑같은 죽음이 아닙니다. 죽음으로 빈 자리를 남기는 사람과 자신의 자리를 꽉 채우는 사람이 있습니다.

이 두 사람의 차이는 무엇일까요? 어떤 사람이 자리를 뺏기고, 어떤 사람이 자리를 지킬까요? 제 생각엔 사명과 사랑을 아는 사람만이 자기 자리를 지키는 것 같습니다. 가룟 유다는 예수님의 사랑을 의심했습니다. 자기 사명을 몰랐습니다. "못 생긴 나무가 산을 지킨다" 는 말이 있습니다. 조금은 미련한 듯해도 사명과 사랑을 아는 사람이 되어야겠습니다. 묵

묵히 그 자리에 있어 주는 것만이 우리 사명의 다함일 때도 있습니다.

언젠가 들었던 부목사님의 설교에서 인상 깊은 대목이 있었습니다.

"우리 주님이 이 땅에 오셔서 은혜의 해를 선포하셨지만 믿지 못하는 자에게는 어떤 일도 일어나지 않았습니다. 모든 과부, 모든 환자에게 기적이 일어난 것은 아닙니다."

"조금이라도 더 사랑하는 사람이 상대방을 끈질기게 찾아갑니다. 하늘에 계신 하나님은 시내산으로, 광야 회막과 예루살렘 성전으로 끈질기게 찾아오시더니 그것도 모자라 인간의 몸을 입고 우리를 찾아오셨습니다. 그리고 이제는 성령으로 우리 안에 계십니다."

이런 하나님이신데 우리를 향한 그분의 사랑을 의심할 수 있습니까? 그분이 우리를 얼마나 끈질기게 사랑하시는지 알겠습니까? 은혜를 은혜로 보지 못하는 것만큼 큰 어리석음이 없습니다. 마땅히 감사할 일을 감사하지 못하고 의심하고 불평하는 것만큼 큰 어리석음이 없습니다.

그러니 마땅히 우리가 지켜야 하는 자리를 지킵시다. 자칫 실수로 자리를 뺏기는 가룟 유다가 되지 맙시다. 때로는 사명을 따라 자리를 옮겨야 할 때도 있습니다. 하나님의 인도하심을 따라간다면 틀림이 없습니다. 내가 지금 있는 자리가 사명을 이루는 자리가 되기를 바랍니다.

돈을 내고 기뻐하는 교회

헌금이라기보다는 돈이라고 말하는 것이 맞을 듯합니다. 언제부터인가 하나님이 주신 생각이 있습니다. 그래서 만나교회 교인들과 지금까지도 함께하고 있는 것이 '한 셈 치고' 헌금이죠. 하나님의 마음이 있다고 생각하는 곳에 밥 한 번 먹은 셈 치고, 커피 한 잔 마신 셈 치고 그 돈을 모아 헌금하는 것입니다.

부모에게 버려진 아이들이 있다는 것이 안타까웠고, 또 그 아이들이 머무는 공동체가 주변 사람들의 따가운 시선 때문에 늘 이곳저곳으로 옮겨 다녀야 한다는 것이 슬펐습니다. 다른 것은 몰라도 그 아이들이 떠돌지 않고 살 수 있는 공간이 있으면 좋겠다고 생각했습니다. 침대에서 자고, 책상에서 공부하고, 물건과 옷을 넣을 자신들의 사물함이 있으면 좋겠다고 생각했습니다.

처음 이런 마음을 교인들과 나누었는데, 교인들 표정이 참 밝더군요. 참 좋아하더군요! 목사가 돈을 내라고 하는데 저렇게 좋아하다니, 만나교회 교인들도 보통내기가 아니라는 생각이 들었습니다. 무엇보다 감사했습니다. 하나님께 드리는 헌금이 감사하고, 그 헌금을 가슴 따뜻하게 사용할 수 있다는 것이 기뺐습니다. 돈을 내라고 하면 가슴이 뛰는 교회가 된 다는 것이 너무 이상적일까요?

저도 교인들에게 하는 말이고, 우리 장로님들과 함께 고민하는 일들이죠. 교회도 조직이기에 돈이 들고 필요한 재산도 있겠지만, 어떻게 하면 교회가 재산을 가지지 않을까를 고민합니다. 쉽지 않은 일 같습니다. 이런 구별쯤은 하고 살아야 할 것 같습니다. 원함과 필요를 분별할 줄 아는 지혜 말입니다. 우리 모두가 완전할 수 없지만 그런 고민을 하고 살아간다면 조금은 완전을 향해 나아갈 수 있겠지요.

돈을 내라는 설교에 "아멘" 하고 박수까지 치는 교인들을 보면서, 헌금을 어떻게 써야 하는지도 다시한번 생각하게 됐습니다. 초대교회 공동체가 자기 재산을 내어놓고 물건을 서로 통용하며 기도하기에 힘썼다는 것, 그렇게 예배하고 백성들에게 칭송을 받으니 구원받는 숫자를 더하셨다는 것을 다시금 떠올려 봅니다. 기뻐하는 교인들 모습을 하나님도 참 기쁘게 보셨을 것 같다는 생각이 들었습니다.

우리 신앙이 기쁘고 행복한 것은, 우리의 수고보다

더 큰 감사가 있을 때가 아닐까요? 우리가 헌신하고 돈을 내는 것은 희생이지만 그것보다 더 큰 하늘나라의 가치가 있음을 알고 있으니 감사합니다. 교회가 하는 일은 끊임없이 하나님 나라의 가치를 만들어 내는 일, 그리고 그 일 때문에 기뻐하는 사람들로 넘쳐나는 것, 그래서 예배가 기다려지고, 예배 시간에 즐거움이 넘치는 일일 것입니다.

오늘도 그런 교회를 꿈꾸는 목사인 것이 행복합니다. 그리고 그렇게 행복한 교회의 교인들로 넘쳐나는 이 땅의 모든 교회를 꿈꾸는 것이 당연한 일이겠지요. 돈 내고 기뻐하는 만나교회 교인들 참 감사합니다. 아마 하나님이 기뻐하시는 일이었기에 만들어진 작은 기적이라는 생각이 드네요.

세상이 우리를 속일지라도 _____

_____

_____

_____

이 세상에는 우리가 아무리 애써도 변하지 않는 것들이 있습니다. 특히 우리가 경험하는 불의한 일들 말입니다. 아무리 애써도 소망이 보이지 않을 때. 그럴 때 우리는 절망할 수밖에 없습니다.

윤봉길 의사가 이런 말을 했다고 합니다.

"나는 알고 있다. 일본인 장교를 몇 명 죽인다고 독립이 될 수 없다는 것을…. 나는 한국인의 독립의지를 전 세계에 알리기 위해 목숨을 바친다."

윤봉길 의사의 의거를 보며 많은 사람이 어리석은 일이라고 했다는군요. 무엇이 달라질 수 있냐고 말이죠. 하지만 우리는 압니다. 수많은 윤봉길 의사로 말미암아 오늘 우리가 이 자리에 있다는 것을 말입니다.

우리가 이 땅에서 크리스천으로 살 수 있는 이유가 그런 것이 아닐까요? 세상이 아무리 절망스러워도 소망을 안고 살아가는 사람이 있다는 것을, 세상의 악이 아무리 흥하여도 진리가 살아 있다는 것을 알리는 것 말입니다.

혹시 믿음을 지키는 우리를 세상이 좌절케 한다 할지라도, 내가 아무리 믿음을 지킨들 세상이 변하지 않는다고 해도, 우리의 몸부림으로 하나님의 살아계심이 세상에 전해진다면 된 것 아닐까요?

먼 훗날 우리 후손들이 그렇게 이야기할 것입니다. 하나님의 말씀을 부여잡고 몸부림치던 우리 믿음의 선배들로 인해 오늘 우리가 이 자리에 있다고. 우리의 삶의 의미는 누군가 우리가 살아간 길을 바라보며 따라오고 싶은 마음이 든다면 족한 것이 아닐까요?

목회자로서 마음을 약하게 만드는 일들이 저에게도 있습니다.

'꼭 어려운 길을 가야 하나? 다들 가는 길, 쉽게 가는 길도 있는데?'

하지만 내 자식이, 내가 목양하는 성도들이 부끄럽게 생각하지 않도록 살아야겠다는 마음이 또 뭔가를 결단하게 합니다.

Poppies, Isles of Shoals (1891)
Childe Hassam

은혜가 있어서 삽니다 _____

확실히 나이가 드는 모양입니다. 지나온 시절들을 돌아보는 시간도 많아지고 감사도 많아지네요.

25세에 결혼하고 26세에 첫딸이 생겼습니다. 내 기억 속에 그 순간은 드라마에서 나오는 것처럼 황홀한 기쁨이 아니었습니다. 너무나 당혹스럽게도 나면서부터 인큐베이터에서 시작한 아이의 삶은 그 후로도 25년 넘게 병원을 오가며 지내는 신세가 됐습니다. 처음에는 소망 가운데 낫게 해달라고 기도했습니다. 그랬던 기도가 점점 견디게 해달라는 기도로 바뀌었습니다.

무엇보다도 힘들었던 것은, 다른 사람들이 부모가 아이를 생각하는 것처럼 생각해 주지 않는다는 것이었죠. 때로는 아이가 학교에서 따돌림을 당하기도 했고, 함께 밥을 먹어 주는 친구가 없어서 꽤 오랫동안 점심을 굶고 오기도 했습니다. 그래서 저에게는 주변에 대한 분노가 있기도 했죠. 그렇게 힘들게 살아온 날인 것 같은데, 은혜 아니면 어떻게 이렇게 감사를 고백할 수 있을까요?

딸이 대학을 졸업하던 날, 아빠로서 처음으로 졸업

식에 참석했습니다. 초등학교, 중학교, 고등학교 졸업식엔 가 보지 못했습니다. 시간이 없었던 건 아니었고, 다만 목사로서 이런저런 생각이 많았습니다. 그렇지만 그날만큼은 목사보다는 아빠 역할에 충실하기로 하고 마음껏 축하해 주어야겠다 마음먹었습니다. 그날 저는 아빠인 제가 다른 사람들에게, 세상에게 서운한 마음을 가질 때 하나님은 그 아이를 잘 지켜 주셨다는 걸 알았습니다. 은혜 아니면 할 수 없는 생각들, 경험할 수 없는 감사입니다.

몇 년 전입니다. 이랜드 집회를 마치고 한 청년이 찾아와 기도를 부탁하더군요. 손을 얹고 기도하자 청년이 눈물을 흘리기 시작했습니다. 그러더니 그럽니다.

"목사님 작년 이맘때 이곳에 왔었습니다. 목숨을 버리려고요. 그런데 하나님이 일 년 만에 인생에 답을 주셨습니다."

하나님의 은혜가 아니면 어떻게 그런 일이 일어나겠습니까? 은혜 아니면 꿈꿀 수 없는 그 일이 모든 사람에게 일어나는 오늘이면 좋겠습니다.

은혜 아니면 일어날 수 없는 일들 때문에
오늘도 기대가 됩니다.

Spring, Navesink Highlands (1908)
Childe Hassam

과잉 친절을 기대합니다 _____

저뿐만 아니라 대한민국의 많은 사람이 마음이 아프고 힘이 듭니다. 요즘은 어떤 소리를 해도 자신에게 맞지 않는 말이라면 쉽게 비난합니다. 그 비난에는 예의도 없는 듯합니다. 사람들은 사회적으로 벌어지는 불미스러운 일들에 정의라는 잣대를 들어 문제를 해결하려고 합니다. 그런데 참으로 신기하게 정의는 정의를 낳는 것이 아니라 분노와 복수를 만들어 내는 것 같습니다. 서로 옳다는 소리를 하지만 상처와 반목은 점점 쌓여 갑니다.

사랑과 용서라는 이름으로 불의한 일을 감추거나 눈감아 주자는 말이 아닙니다. 정의를 넘어선 그 무엇이 필요하다는 생각이 듭니다. 피해자의 아픔과 가해자의 잘못이라는 구조에서 문제를 해결하려고만 한다면 결국 복수로 이어지는 것 아닐까요?

그런데 예수님은 정의와 복수를 넘어서 예측할 수 없는 친절과 기적을 베푸셨던 분이라는 생각이 듭니다. 성경에서 예수님의 능력을 많이 보지만, 그 능력의 배후에는 늘 주님의 친절이 있습니다.

삭개오를 묵상하며 그런 생각이 들었습니다. 정의의

기준으로 보면 예수님이 삭개오를 만날 이유가 없었을 듯합니다. 그는 마땅히 비판받아야 하는 사람이고, 동족의 재물을 착취한 나쁜 인간이기 때문입니다. 그런데 왜 주님은 다른 사람이 보려고도 하지 않는 그의 고독감을 보셨을까요? 외로움으로 몸부림치는 한 인간의 아픔이 눈에 들어왔기 때문이죠. 죄를 짓고 버림받은 한 인간에 대한 연민 말입니다.

그래서 주님은 과잉 친절로 보이는 행동을 하십니다. 그 수많은 사람과 동행하며 굳이 삭개오의 집에 들어가 식사하신 것입니다. 그렇게 하신 이유가 무엇일까요? 그렇지 않아도 바쁜 스케줄에 말입니다. 그런데 예수님의 그 친절이 변할 것 같지 않던 삭개오의 삶을 바꿔 놓았습니다. 이처럼 전혀 기대하지 않은 과잉 친절이야말로 누군가의 삶을 바꾸는 기적을 만듭니다.

이 사회의 대립을 보면서 절대로 풀리지 않는 정의의 문제를 봅니다. 누군가는 다른 사람이 보지 못하는 아픔을 봤으면 좋겠습니다. 하지 않아도 되는 과잉 친절이 무엇일까요? 하나님 때문에 받았던 그 과잉 친철이 누군가에게 전이 된다면 또 다른 기적이 일어나지 않을까요?

우리는 믿습니다. 이 세상을 변화시키는 것은 정의가 아니라, 정의를 뛰어넘는 사랑이라는 것을요. 그리고 그 사랑은 전혀 기대하지 못했던 친절에서부터 시작한다는 것을요.

오늘 당신의 삶에서 과잉 친절을 기대합니다. 누군가의 인생을 바꿀 수 있는 작은 씨앗이 될지도 모르니까요.

우리는 하나님의 성전입니다 _____

"우리는 누구인가요?"

참 우스운 질문인 것 같습니다. 하지만 이 질문에 답할 수 있는 사람만이 참 인생을 사는 사람입니다. 우리는 종종 주변에서 누구 때문에 살아가는 사람을 봅니다. 자신에게서 일어나는 일이 늘 누구 때문이라고 하지요. 사도바울은 고린도에 있는 교인들을 보면서 그게 참 안타까웠던 것 같습니다. 그래서 이렇게 말하죠.

"당신들이 누구인 줄 안다면 그렇게 살겠습니까?"

정체성이란 두 가지 측면이 있습니다. 나 스스로 자신에 대하여 생각하는 것과 다른 사람이 나를 생각하는 것입니다. 이 둘 사이에 괴리감이 생기는 것이 문제입니다. 예를 들어 우리가 하나님의 사람, 쉽게 말해서 교회를 다니는 사람이라고 주장하지만 세상 사람들이 우리를 그렇게 인정하지 않을 때 문제가 됩니다. 그런데 이러한 괴리의 문제는 교회를 다니는 사람을 추상적으로 생각하기 때문에, 명확한 정의를 내리지 못하기 때문에 일어나는 일이라고 생각합니다. 세상이 종종 우리에게 이런 것을 요구합니다.

"교회 다니는 것은 좋은데 유별나게 굴지 마세요. 주일에 교회 가는 것을 누가 뭐라고 합니까? 하지만 평일에는 우리와 똑같이 어울려 봅시다."

어떻게 들으면 세상을 사는 지혜로운 이야기 같지만 하나님의 사람으로 살아가는 방식은 아닌 듯합니다.

우리는 또한 종종 스스로에게 이렇게 말합니다.

"나는 하나님을 믿는 사람이니까 절대로 세상과 타협할 수 없어, 나는 내가 믿는 신앙의 길을 갈 거야. 핍박을 받을 수도 있지."

하지만 조금 더 진진하게 내면을 들여다보면 신앙의 방식이 다른 사람들을 배려하지 않는 독선이 되기도 합니다. 그래서 내 신앙을 지키기 위해 다른 사람에게 피해를 주고, 그로 인한 비난을 신앙의 훈장처럼 생각하기도 하지요.

고린도전서 3장 16-17절에서 사도 바울이 고린도 교인들에게 했던 말을 살펴보겠습니다.

"여러분이 하나님의 성전이고, 하나님께서 친히 여러분 안에 계신다는 것을 여러분은 알지 못합니까? 여러분도 알다시피, 성전을 파괴한 사람은 누구도 검사를 통과할 수 없습니다. 하나님의 성전은 거룩합니다. 여러분이 그 성전임을 잊지 마십시오." (유진 피터슨, 《메시지》, 복있는사람)

제가 이해하는 한 여기서 성전이란 건물적인 의미라 하나님이 거하시는 장소입니다. 즉 교회가 거룩한 것이 아니라 하나님이 계시는 교회라야 거룩한 것입니다. 그러므로 우리가 아무리 "하나님을 믿는다!"고 주장해도 소용이 없습니다. 하나님이 우리 안에 계셔서 거룩함이 드러나야 합니다.

언젠가 집회를 인도했던 교회에서 들은 말입니다. 집회를 앞두고 목사님이 근심하며 제게 이렇게 말했습니다.

"목사님, 이곳은 시골이니 꼭 헌금자 명단을 읽어 주세요. 이름을 안 읽으면 헌금이 적습니다."

저는 가능하면 교회가 요청하는 대로 다 따라 줍니

다. 혹시라도 손님인 제가 공동체의 분위기를 상하게 할 수도 있기 때문입니다. 그런데 그날은 설교하기 전 하나님이 어떤 마음을 주시더군요. 그래서 설교 중에 그 받은 마음대로 이렇게 선포했습니다.

"여러분, 여러분이 내는 헌금이 어려운 교회를 돕는 일에 쓰인다고 하면 이름이 불리기 때문이 아니라 하나님 앞에 드리고자 하는 마음으로, 예물로써 헌금해야 하지 않을까요?"

교회는 헌금을 모으기 위해 있는 곳이 아닙니다. 성도는 헌금하기 위해 모인 사람들이 아닙니다. 하나님의 성전 하나하나가 모여서 더 멋진 하나님의 성전을 만들어 가는 모습을 보고 싶습니다.

사도 바울은 고린도 교인들에게 이렇게 말합니다.

"여러분! 여러분이 하나님의 거룩한 성전인 것을 모르십니까?"

시대의 최신 유행을 따르는 것으로 지혜로운 사람이 될 수 있다고 생각하지 마십시오. 하나님의 거룩한 성전으로 살아 봅시다. 거룩한 하나님의 전에서 일어날 수 있는 일들이 무엇일까 고민해 봅시다.

Street In Gloucester (1896)
Childe Hassam

아름다운 기억이 있다면 충분합니다 _____

목회를 하다 보면 몸이 바쁜 것도 바쁜 것인데, 머릿속이 어찌나 바쁜지 모릅니다. 교인들에게 이런 말을 했던 기억이 있습니다.

"바쁜 것을 불평하지 말고 바쁜 삶을 살게 하신 하나님께 감사하세요!"

그 말대로 제가 잘하고 있는가는 또 다른 문제인 것 같습니다.

그러고 보면 저는 쉬는 것도 일을 하듯 계획을 세워야 할 수 있는 것 같습니다. 바쁘다가도 휴가를 보낼 때면 또 그런 생각이 듭니다.

'나는 쉴 자격이 있나?'

며칠을 쉬면서 충분한 자격이 있음을 깨달았습니다. 쉼을 통해 꽉 막힌 터널 같았던 머리가 다시 움직이기 시작하고 말씀 준비가 되는 것을 보면 말이죠.

무엇보다 큰 축복은 쉬는 시간에 채워지는 것들입니다. 쉬는 동안 책을 많이 읽었습니다. 특히 필립 얀시

(Philip Yancey)의 책은 몇 번이나 읽을 정도로 좋아합니다. 《하나님, 제게 왜 이러세요?》라는 책을 읽으면서는 참 여러 생각을 했던 기억이 납니다. 책 가운데 좋은 대목이 많은데, 그중에 이런 내용이 있습니다.

언젠가 미국 뉴타운에서 총격으로 초등학생들이 희생되었던 사건이 있었습니다. 필립 얀시는 말합니다. 만약 그 희생되었던 학생의 부모들에게 가서 "자녀와 함께 보낸 6-7년의 세월의 기쁨이 지금의 고통보다 더 크다고 생각하십니까?"라고 묻는다면, 그들은 주저없이 "그렇습니다"라고 대답할 것이라고 말이죠. 영국의 한 시인은 젊은 친구의 죽음을 본 후, "사랑해 본 적이 전혀 없는 것보다 사랑했다가 그 사랑의 대상을 잃는 게 더 낫다"라고 말했답니다.

"내가 인생의 지극히 작은 것들까지도 모두 선물임을 기억하도록, 그리고 그 선물을 제대로 사용하는 방법이 감사임을 기억하도록 나를 도와주세요."

아름다운 기억만이 우리 삶에 주어진 최고의 선물입니다. 그리고 감사만이 그 선물을 소유하게 하는 능력이라는 것을 기억하면 좋겠습니다.

The Sonata (1911)
Childe Hassam

Washington Arch, Spring
Childe Hassam